LEVANTA-TE!

Richard Simonetti

LEVANTA-TE!

CEAC
EDITORA

ISBN 85-86359-18-1
Capa: Celso da Silva

2ª Edição – março de 2000
10.001 a 13.000 exemplares

Edição e Distribuição

CEAC
EDITORA

Rua 7 de Setembro 8-56
FONE/FAX (014) 227-0618
CEP 17015-031 - Bauru SP

Catalogação na Fonte
do
Departamento Nacional do Livro

S5981

Simonetti, Richard, 1935-
Levanta-te / Richard Simonetti.-
Bauru, SP : CEAC Editora, 1999 .
144p. ; cm -

ISBN 85-86359-18-1.

1. Jesus Cristo - Interpretações espíritas. 2. Espiritismo. I. Título. II. Série.

CDD-133.9

Toda a gente admira a moral evangélica; todos lhe proclamam a sublimidade e a necessidade; muitos, porém, assim se pronunciam por fé, confiados no que ouviram dizer, ou firmados em certas máximas que se tornaram proverbiais.

Poucos, no entanto, a conhecem a fundo e menos ainda são os que a compreendem e lhe sabem deduzir as conseqüências.

A razão está, em grande parte, na dificuldade que apresenta o entendimento do Evangelho que, para o maior número dos seus leitores, é ininteligível.

A forma alegórica e o intencional misticismo da linguagem fazem que a maioria o leia por desencargo de consciência e por dever, como lêem as preces, sem as entenderem, isto é, sem proveito.

Passam-lhes despercebidos os preceitos morais, disseminados aqui e ali, intercalados na massa das narrativas.

Allan Kardec, na introdução de "O Evangelho Segundo o Espiritismo"

Sumário

SEM TROPEÇOS

O vigoroso estímulo de Jesus ao paralítico, segundo a narrativa evangélica, é um dos momentos mais emocionantes do Evangelho.

Envolvendo-o em poderoso magnetismo, despertou seus membros atrofiados, restituindo-lhe os movimentos.

Premiava a fé, mas também a iniciativa.

Antes que Jesus o erguesse, ele próprio o fizera, simbolicamente, superando o acomodamento que costuma dominar aqueles que enfrentam limitações físicas. E não mediu esforços para aproximar-se dele, num dos episódios mais marcantes da narrativa evangélica. Sua disposição constitui lição proveitosa para os que pedem favores do Céu.

Todos esperamos que Jesus nos erga da enfermidade para a saúde, da inquietação para a paz, da tristeza para a alegria, mas será que o estamos buscando em seus caminhos?

***

Damos seqüência nestas páginas ao livro **Paz na Terra,** *em que acompanhamos a trajetória de Jesus, desde o nascimento até o início de seu apostolado, nas Bodas de Caná.*

Retomamos a narrativa a partir de Cafarnaum, que seria, usando expressão atual, sua "base de operações".

Sempre oportuno ressaltar a dificuldade em estabelecer uma cronologia para os relatos dos evangelistas Lucas, Mateus, João e Marcos.

Não sabemos nem mesmo se realmente foram eles os autores ou se seus nomes surgem como mera referência para uma coletânea de ensinamentos e acontecimentos da tradição oral, que se acumularam ao longo dos primeiros decênios do Cristianismo, relatados nos textos que lhes são atribuídos.

Não obstante, tentamos uma narrativa cronológica, valendo-nos também da tradição, para acompanhar aquele que seria o primeiro ano do apostolado de Jesus.

Nesse período estão episódios famosos: primeira viagem a Jerusalém, a expulsão dos vendilhões do templo, o encontro com Nicodemos, o diálogo com a samaritana, a cura da sogra de Pedro, a pregação na sinagoga de Nazaré, a pesca milagrosa, o perdão dos pecados, a conversão de Mateus, as primeiras escaramuças com os fariseus, as controvérsias sobre o jejum e o sábado, a nomeação do colégio apostólico, o inesquecível Sermão da Montanha...

Ficarei feliz, leitor amigo, se estas páginas singelas o ajudarem a movimentar-se pelo solo seguro e firme da vivência evangélica, sem tropeços, com a mesma disposição do paralítico que não mediu esforços para aproximar-se de Jesus, o divino amigo que nos ergue da inutilidade para as gloriosas realizações do Reino de Deus.

Bauru, SP, agosto de 1999.

COMÉRCIO CONTESTADO

Mateus, 21:12-13
Marcos, 11:15-17
Lucas, 19:45-46
João, 2:14-17

Após a célebre transformação da água em vinho, em Caná da Galiléia, Jesus, acompanhado de sua mãe e alguns discípulos, instalaram-se em Cafarnaum, nas proximidades do lago de Genesaré.

Pequena, perto de seis mil habitantes, mas movimentada, a cidade era um centro comercial, particularmente de pesca, e também posto militar romano.

Seria a residência de Jesus durante algum tempo, sede de suas atividades. Dali partiria para jornadas de divulgação da Boa Nova.

***

Como estivesse próxima a páscoa dos judeus, em que se comemorava a fuga do Egito, o grupo foi a Jerusalém.

A cidade santa, sede do culto judeu, recebia multidões de peregrinos. A população, que normalmente andava perto dos cinqüenta mil habitantes, chegava a quadruplicar.

As cerimônias do culto eram celebradas no templo. Constituído por edifícios que se destacavam na paisagem, cercados por imenso muro, ocupava uma área de aproximadamente cento e vinte mil metros quadrados, equivalente a perto de quinze campos de futebol.

Há meio século, desde o governo de Herodes, o Grande, estava em reformas de ampliação e embelezamento, tão portentosas que somente seriam concluídas três décadas mais tarde.

Teria vida efêmera.

A magnificente edificação, orgulho dos judeus, seria destruída no ano 70 pelo general romano Tito, filho do imperador Vespasiano que, seguindo instruções de Roma, arrasou Jerusalém, em represália a uma rebelião.

No Pátio dos Gentios, muros adentro, onde se concentrava a multidão, fervilhava intenso comércio, com dezenas de barracas, assemelhando-se a um mercado agitado e barulhento, admitido sem problemas pelas autoridades religiosas, que recebiam parte do lucros.

Eram vendidos bois, ovelhas, pombos para os sacrifícios, bem como incenso, óleo e outros apetrechos do culto. Vendia-se também comida.

Os cambistas faziam muitos negócios. Trocavam as moedas estrangeiras para os judeus residentes em outros países.

As contribuições tradicionais deviam ser em *siclos,* a moeda corrente na Palestina. As estrangeiras tinham efígies pagãs. Usá-las seria uma heresia no recinto sagrado.

A troca era feita em bancas, que deram origem aos bancos.

Banqueiros eram os donos das bancas.

Hoje são os donos dos bancos.

***

Previsivelmente, tratando-se do "bicho homem", excessos e explorações eram cometidos por comerciantes e cambistas, tão interessados em encher suas bolsas de dinheiro quanto os peregrinos em cumprir seus deveres religiosos.

Dirigindo-se a eles disse Jesus, lembrando observações dos profetas Isaías (56:7) e Jeremias (7:11):

– Está escrito: minha casa será chamada casa de oração. Vós, porém, a fazei covil de ladrões...

O episódio é relatado também pelos demais evangelistas, que o situam no final do apostolado de Jesus.

João o coloca no início.

Em seu favor temos o fato de que teria sido testemunha ocular. Estava com Jesus.

Mateus seria convertido mais tarde.

Marcos e Lucas não conviveram com ele.

***

Todos os evangelistas comentam que as afirmativas de Jesus foram precedidas de uma atitude chocante e insólita. João a descreve assim:

...e tendo feito um azorrague de cordéis, expulsou a todos do templo, as ovelhas e os bois, derramou pelo chão o dinheiro dos cambistas e virou as mesas.

Este detalhe sempre me pareceu indigesto.

Não consigo imaginar Jesus com um chicote na mão, derrubando bancas, espantando animais, semeando confusão…

Fariam algo semelhante Mahatma Gandhi, Francisco de Assis, Chico Xavier?…

Obviamente, não!

Por que Jesus, acima de todos eles; muito mais que missionário – um preposto de Deus – haveria de fazê-lo?

Reações dessa natureza, ainda que inspiradas na indignação diante do erro, são próprias da imaturidade, que resvala facilmente para a agressividade.

Jesus exaltava a mansuetude; ensinava a humildade e a brandura; advertia que a violência gera a violência; destacava que pessoas comprometidas com o erro precisam de orientação, não de retaliação.

Longe do fiscal truculento, era um médico das almas.

A sua missão era eliminar a maldade estimulando o bem, algo incompatível com a violência.

Ninguém cura uma ferida pisando nela.

Confrontemos essa suposta reação com sua serenidade diante do julgamento que deu início ao drama do calvário, situação incomparavelmente mais grave, que perpetrou flagrante e execrável injustiça.

Concluiremos que Jesus jamais agiria como está registrado.

***

Considere, leitor amigo, que aquele comércio estava no contexto do culto.

Favorecia os peregrinos.

Se animais e aves eram usados no cerimonial, alguém devia fornecê-los.

Se havia necessidade de trocar moedas, mister a presença dos cambistas.

Entre advertir quanto aos excessos e agredir os comerciantes há um abismo.

***

É preciso observar, na análise do Evangelho, o joio dos interesses humanos misturado ao trigo das revelações.

Durante séculos os textos evangélicos eram manuscritos. Nem sempre os copistas guardavam fidelidade aos originais, na base de *quem conta um conto aumenta um ponto* – ou o suprime.

Até que os textos definitivos fossem compilados, a partir do século V, inúmeras adulterações aconteceram.

Provavelmente a suposta violência no templo tenha sido uma delas. Era importante para os teólogos dos primeiros séculos configurar a rejeição de Jesus àquelas práticas que não faziam parte do culto cristão.

***

Outro detalhe estranho:

Jesus referir-se ao templo como a casa de Deus.

A morada divina é o Universo.

Deus está em toda parte, não apenas no interior de edificações consagradas ao culto.

E o santuário sagrado onde devemos cultuar a divindade está em nosso próprio coração.

Esse o pensamento de Jesus, que explicava:

O Reino de Deus está dentro de vós (Lucas, 17:21).

***

Bem mais grave e lamentável é o comércio que propomos à divindade.

O que nos leva a freqüentar o centro espírita, o templo protestante, a igreja católica ou outra denominação religiosa?

- Buscar uma vida mais equilibrada e digna?

- Refletir a respeito de nossas responsabilidades?

- Superar vícios e mazelas?

- Participar nos serviços do Bem?

Ou apenas desejamos que Deus:

- Remova nossas dificuldades?

• Solucione nossos problemas?

• Restaure nossa saúde?

• Conceda-nos a felicidade?

Não é isso uma espécie de escambo, uma troca que não envolve dinheiro?

Dou minha presença, submeto-me ao culto com a intenção de algo receber...

Tanto é assim que muita gente deixa de participar porque não recebeu o benefício que buscava, o favor que esperava.

Isso é comercializar o sagrado.

***

Nas relações comerciais existe o compromisso de determinado pagamento pela mercadoria recebida ou serviço prestado.

Na atividade religiosa costumamos fazer o mesmo.

• Se receber as bênçãos desejadas serei um contribuinte...

• Se resolver meus problemas trabalharei pelos pobres...

• Se alcançar a cura serei uma pessoa melhor...

Há quem faz adiantamentos:

- Um donativo...

- Uma visita a família carente...

- Um exercício de tolerância...

Alguns pregadores exploram essa tendência. Apóiam-se em insólita "teologia":

A felicidade comprada.

Enfatizava um mercador da fé:

– Não esqueçam! Quanto mais dinheiro oferecerem à nossa causa, mais felicidade Deus lhes dará!

Parecia um camelô a apregoar o seu produto, como se a felicidade fosse uma mercadoria, não uma realização íntima.

Animado, um homem fez a doação de valioso terreno.

Passou-se o tempo. A felicidade não chegou.

Indignado, processou a igreja por *quebra de contrato*, exigindo a devolução do imóvel.

***

Há fiéis que enunciam seus projetos de comércio com a divindade na forma de promessas solenes a serem cumpridas depois de receberem os benefícios desejados.

Algumas são bastante ingênuas, relacionadas com inúteis mortificações:

- Carregar uma cruz...
- Subir escadarias de joelhos...
- Privar-se de alimentos...

Deus não quer que mortifiquemos o corpo e sim que abrandemos o coração.

Por isso, o sacrifício mais agradável ao Senhor é renunciar aos interesses pessoais para fazer algo em favor do próximo.

Os que insistem em comercializar os dons sagrados, em fazer propostas e promessas, acabam decepcionados, porque entre o que pretendemos e o que recebemos há um princípio subordinado à justiça perfeita:

O merecimento.

Por isso, em defesa de nossa paz, não devemos imaginar o culto religioso como um canal aberto para obter favores do Céu.

Melhor situá-lo como uma convocação para fazer o que o Céu espera de nós.

O ESPÍRITO E A CARNE

João, 3:1-15

Não sabemos quanto tempo Jesus permaneceu em Jerusalém. Provavelmente alguns dias. Ignora-se também onde ficou hospedado.

Certa noite recebeu a visita de um fariseu: Nicodemos.

Fariseus eram membros de antiga seita judaica, existente desde o século II a.C. Dogmáticos e intransigentes, observavam rigidamente as normas religiosas tradicionais. Pesa sobre eles o fato de que eram grandes simuladores, verdadeiros artistas a ostentarem virtudes que não possuíam. Ficariam marcados como sinônimo de hipocrisia.

Jesus os chamaria de túmulos caiados. Brancos por fora, cheios de podridão por dentro. Uma imagem forte, mas real. Não há nada mais lamentável do que a falsa religiosidade.

***

Naturalmente, havia exceções.

Nicodemos era uma delas. A tradição o situa como homem digno e honrado. Seria a única voz que ensaiaria uma defesa de Jesus no processo sinistro em que o acusaram de pretender destruir o culto estabelecido. Consumada a crucificação, colaborou com os discípulos no sepultamento.

Certamente, ouvira falar a respeito de Jesus, de sua sabedoria, do prodígio operado em Caná. Assim, decidiu procurá-lo. Mas o fez à noite, discretamente, evitando expor-se.

Após as apresentações, respeitosamente, reconhecendo em seu interlocutor alguém que lhe era superior, Nicodemos comentou:

– Rabi, sabemos que és mestre, vindo da parte de Deus, pois ninguém pode fazer essas demonstrações que fazes, se Deus não estiver com ele.

Cortando de pronto a louvação, Jesus iniciou um dos mais importantes diálogos do Evangelho:

– Em verdade, em verdade, te digo que se alguém não nascer de novo não poderá ver o Reino de Deus.

O visitante surpreendeu-se:

– Como pode um homem nascer sendo velho? Pode, porventura, entrar pela segunda vez no ventre de sua mãe e tornar a nascer?

Observe, amigo leitor:

Nicodemos compreendeu que Jesus lhe falara da reencarnação, da volta do Espírito à carne, mas não tinha a mínima noção sobre o assunto.

Como reintroduzir-se no ventre materno?
Jesus poderia responder que estava equivocado.
– Não, Nicodemos! Não é disso que estou falando...
No entanto, não o fez.
Simplesmente reafirmou a necessidade e explicou:

– Em verdade, em verdade te digo que se alguém não nascer da água e do Espírito, não pode entrar no Reino de Deus. O que nasceu da carne é carne. O que nasceu do Espírito é Espírito.

Em *O Evangelho Segundo o Espiritismo,* capítulo IV, Allan Kardec interpreta com clareza essa observação:

Muito imperfeitos eram os conhecimentos dos antigos sobre as ciências físicas. Eles acreditavam que a Terra saíra das águas e, por isso, consideravam a água como elemento gerador absoluto.

Assim é que na Gênese se lê: "O Espírito de Deus era levado sobre as águas; flutuava sobre as águas; — Que o firmamento seja feito no meio das águas; — Que as águas que estão debaixo do céu se reúnam em um só lugar e que apareça o elemento árido; — Que as águas produzam animais vivos que nadem na água e pássaros que voem sobre a terra e sob o firmamento."

Segundo essa crença, a água se tornara o símbolo da natureza material, como o Espírito era o da natureza inteligente.

Estas palavras: "Se o homem não renasce da água e do Espírito, ou em água e em Espírito", significam pois: Se o homem não renasce com seu corpo e sua alma. É nesse sentido que a princípio as compreenderam.

Tal interpretação se justifica, aliás, por estas outras palavras: "O que é nascido da carne é carne e o que é nascido do Espírito é Espírito". Jesus estabelece aí uma distinção positiva entre o Espírito e o corpo. O que é nascido da carne é carne indica claramente que só o corpo procede do corpo e que o Espírito independe deste.

Se a água representa a matéria, obviamente a expressão *nascer de novo,* completada com *nascer da água,* significa *reencarnar.*

O ser humano perecível, corpo denso, não pode retornar ao ventre materno.

O Espírito, ser pensante etéreo, distinto da matéria, pode, ligando-se ao embrião, após a fecundação do óvulo pelo espermatozóide.

E o faz para tornar às experiências da carne, a lixa grossa que desbasta suas imperfeições mais grosseiras, a fim de que possa ganhar o Reino de Deus.

Carne é carne, Espírito é Espírito. Não confunda um com outro – explica Jesus.

A carne é mero aglomerado celular, uma máquina viva usada pelo Espírito para mergulhar na matéria, assim como um escafandro é mero instrumento que permite ao mergulhador devassar as profundezas do oceano.

É importante destacar isso, porquanto a teologia

dogmática nos diz que o corpo e o Espírito são criados ao mesmo tempo, no momento da concepção, e que precisam estar juntos para que exista o ser pensante, a individualidade. Daí a fantasiosa idéia da ressurreição dos corpos, num suposto juízo final.

Pretendem, ainda, os teólogos, que esse *nascer de novo* deve ser precedido pela submissão a determinados sacramentos, sem o que estaremos todos impedidos de conquistar os páramos celestiais.

É uma idéia preconceituosa e arbitrária. Se assim fosse Deus estaria cometendo flagrante injustiça com bilhões de pessoas que jamais ouviram falar dessas práticas.

***

Jesus completa o pensamento:

– O Espírito sopra onde quer, ouves-lhe a voz, mas não sabes de onde ele vem nem para onde vai.

Ainda aqui uma demonstração de que a existência do Espírito independe do corpo.

Se o Espírito fosse criado no momento da concepção, saberíamos de sua origem. Viera de Deus, que o teria criado naquele momento, juntamente com milhares de outros que animam embriões gerados a cada minuto no Mundo.

Segundo esta teoria equivocada seríamos mais poderosos do que Deus.

O Senhor Supremo só poderia criar Espíritos quando nos dispuséssemos a gerar filhos.

Jesus diz que não sabemos de onde o Espírito vem, justamente porque sua origem perde-se no passado remoto, em pretéritas existências.

Se, como pretendem os teólogos, o Espírito tem sua gênese a partir da fecundação, como explicar as aptidões, tendências, vocações, preferências, facilidades, dificuldades, e inúmeras outras características que o distinguirão?

Admitindo a preexistência e as vidas sucessivas fica fácil entender. Somos sempre o somatório ou o substrato de nossas experiências pretéritas.

***

Nicodemos, espantado com as palavras de Jesus e demonstrando dificuldade em entender o retorno do Espírito à carne, insiste:

– *Como pode ser isso?*

Continua sem saber definir o processo reencarnatório.

Responde Jesus:

– *Tu és mestre em Israel e não entendes estas coisas?*

Os estudiosos dos textos sagrados, da sabedoria milenar de todas as culturas, têm conhecimento da Reencarnação. Não era novidade para as elites sacerdotais judaicas.

Nicodemos, doutor da Lei, membro do Sinédrio, o mais alto tribunal judeu que legislava sobre assuntos legais e de fé, **devia saber**.

Jesus completa:

– Em verdade, em verdade te digo que falamos o que sabemos e testemunhamos o que vimos, e não recebeis o nosso testemunho? Se vos falei de coisas terrestres e não credes, como crereis quando vos falar das celestiais?

Se havia dificuldade para entender algo conhecido, próprio da cultura humana, como entenderiam assuntos mais complexos, como a vida espiritual e o relacionamento entre Espíritos encarnados e desencarnados?

Por ter consciência das limitações dos homens de seu tempo Jesus prometeu, na última ceia (João, capítulos 14 e 15), que mais tarde enviaria um Consolador, o Espírito de Verdade, que lembraria suas lições e traria ensinamentos novos.

Cumprindo sua promessa, a Doutrina Espírita restaura e amplia o alcance de seus ensinos, oferecendo-nos gloriosa visão das realidades espirituais.

***

Esta passagem e várias outras atestam que Jesus ensinava a reencarnação, a chave mágica que explica as mais angustiantes situações, permitindo-nos compreender que as lutas e dores do mundo fazem parte de um processo de aprendizado e depuração que objetiva nossa evolução.

Ressalte-se que o movimento cristão admitiu a reencarnação até o século VI, mais exatamente até o concílio de Constantinopla, em 553, quando foi suprimida. Se elegermos os acontecimentos que mais contribuíram para os desvios do Cristianismo, este teria posição destacada.

Ao eliminarem a reencarnação os teólogos medievais substituíram a justiça pela fé.

A conquista das bem-aventuranças celestes deixou de ser uma questão de empenho pessoal, de esforço de renovação, em múltiplas existências.

Tornou-se um problema de fé, da aceitação de sacramentos instituídos como passaporte para o Céu.

Não obstante, é significativo observar que em consultas de opinião pública constata-se que perto de metade da população brasileira é receptiva à reencarnação. Como todas as idéias que exprimem as realidades espirituais, está latente no ser humano.

As pessoas intuem que já viveram antes, tanto quanto sentem que Deus existe e que a vida continua, além-túmulo.

É preciso estar dominado por forte condicionamento para não experimentar a sensação indelével de que já vivemos antes.

***

Há aqueles que, como Nicodemos, têm dificuldade para entender o processo.

Certa feita ouvi famoso ator dizer:

– A reencarnação é uma tolice. Como posso ter sido João, Pedro, José, em outras vidas? Eram outras pessoas, não têm nada a ver comigo!

Bom de palco, ruim de raciocínio.

Incrível essa dúvida em alguém que, após trocar de roupa e maquiar-se, transforma-se noutra pessoa, de acordo com o papel que lhe foi confiado! Mesmo vivendo variadas personagens, não conserva ele sua individualidade?

Assim acontece conosco.

Transitamos pela carne múltiplas vezes, trocando de corpo, mudando de papéis no palco da vida, mas sempre nós mesmos, o mesmo Espírito.

Podemos ser o negro, o branco, o amarelo, o rico; o pobre ou remediado; o aleijado ou o atleta; o gênio ou o idiota, de conformidade com nossos méritos e necessidades, mas sempre a mesma individualidade compondo sucessivas personalidades.

Esquecemos, sim, e há múltiplas razões para isso.

Fundamentalmente, esquecemos para que não haja uma sobreposição de experiências, capaz de "fundir a nossa cuca", candidatando-nos ao hospício.

É o que aconteceria com o nosso ator, se não conseguisse, após cada espetáculo, desligar-se da personagem que encenou.

Conservamos o fundamental – a experiência do que fomos e aprendemos, a manifestar-se em tendências e aptidões que fazem de qualquer pessoa um ser especial, único, com características eminentemente pessoais que o distinguem dos demais, como as impressões digitais.

Nascemos e morremos, reencarnamos e desencarnamos, renascemos e remorremos, indefinidamente, buscando Deus em nós para que possamos viver no Reino de Deus.

ENCONTRO MARCADO

João, 4:4-26

Judéia, Galiléia e Samaria eram províncias da Palestina, sob domínio de Roma.

Na maior parte do tempo Jesus estaria na Galiléia, em cidades como Betsaída, Cafarnaum, Caná, Corazim, Naim e Nazaré.

Os discípulos de Jesus, membros do colégio apostólico, eram quase todos galileus, homens do povo, humildes pescadores.

Na Judéia ficava Jerusalém. Estavam também Jericó, Belém, Betânia, cidades menores, cenários de suas lições e exemplos.

Na Samaria Jesus esteve poucas vezes.

Os samaritanos recebiam seus compatriotas com hostilidade.

Sob dominação estrangeira, a população assimilara ritos e idéias que repugnavam o judaísmo.

Seus habitantes insistiam que o culto à divindade devia ser feito no monte Garizim, onde existira grande templo, já destruído, contrariando a orientação religiosa do país, que consagrava o templo em Jerusalém.

Eram filhos da mesma raça separados por preconceitos e divergências religiosas, algo que se repete desde as culturas mais antigas.

Contradições das mais lamentáveis no comportamento humano são os desentendimentos e lutas fratricidas sustentados em nome de Deus, como se o objetivo do culto fosse a guerra, não a paz, a dissensão, não a distensão.

Essa tendência é tão absurda que ainda hoje há seitas religiosas que não consideram filhos de Deus os que não comungam suas crenças.

***

Deixando Jerusalém, Jesus permaneceu ainda algum tempo, semanas talvez, em pregações pela Judéia. Não há referências a respeito.

Depois retornou à Galiléia.

Embora existisse um caminho melhor, ao longo do Rio Jordão, evitando o contato com os samaritanos, Jesus decidiu atravessar a região hostil porque ***era-lhe necessário passar pela Samaria*** (João 4:4).

Tinha certamente um objetivo, algo a fazer.

Já em terra dos samaritanos, sol abrasador, próprio da região, sentou-se junto a um poço, enquanto os discípulos partiam à procura de alimento.

Era a hora sexta – explica João. Perto de meio-dia.

Uma mulher aproximou-se.

Jesus pediu-lhe água.

Percebendo que se tratava de um galileu, provavelmente pelo sotaque, ficou surpresa:

– Como, sendo tu galileu, me pedes de beber, a mim que sou mulher samaritana?

Sua observação exprime bem a animosidade que existia entre galileus e samaritanos. Contatos eram evitados.

Disse Jesus:

– Se conhecesses o dom de Deus e quem é que te pede água, tu terias pedido e eu te daria água viva.

Sem entender a resposta, mas certamente impressionada com aquele forasteiro que rompia arraigados preconceitos, a mulher comentou:

– Senhor, não tens com que tires água do poço, que é fundo. Donde tens, então, essa água viva? És tu, porventura, maior do que nosso pai Jacó, que nos deu esse poço, do qual bebeu, assim como seus filhos e seus rebanhos?

Jacó é um dos pais do povo judeu, portanto ancestral comum de galileus e samaritanos. Aquele poço, ainda hoje existente, teria sido aberto por ele.

Jesus lhe respondeu:

– Quem bebe desta água tornará a ter sede, mas quem beber da água que eu lhe der, jamais terá sede. Ao contrário, a água que eu lhe der se tornará nele uma fonte a jorrar para a vida eterna.

Jesus usa aqui um dos seus recursos prediletos – o simbolismo, como elemento de fixação de idéias.

Qual a mais abrasadora sede, a necessidade maior?

A paz.

É o tempero da vida.

Sem ela fica complicado viver.

Depressões, angústias, tensões, temores, ansiedades, têm origem comum – a sede de paz.

No propósito de saciá-la, as pessoas fazem da existência uma interminável peregrinação a variados poços:

- conforto
- poder
- riqueza
- segurança

Mas, de poço em poço, de experiência em experiência, constatam que essas águas não saciam. A sede permanece, não raro mais abrasadora – mais inquieto o coração...

Muitos, ansiosos e desatinados, buscam águas enganosas: os vícios. São poços sedutores. Oferecem euforia em princípio, mas cobram alto preço depois, precipitando-os em tormentosas perturbações e desequilíbrios.

***

Somente uma fonte é capaz de saciar plenamente nossa sede de paz.

A fonte de *água viva* oferecida por Jesus.

Brota, pura e cristalina de seus ensinamentos, a nos oferecer uma perspectiva de vida mais nobre, bela e digna, marcada pelos valores do Bem e da Virtude.

Mas há um problema.

Grande número de crentes que buscam as igrejas, que lêem o Evangelho, que procuram Jesus, continuam sedentos.

Estaria Jesus equivocado?

Seria o Evangelho mais um poço de ilusão?

Obviamente, não!

É apenas um manancial negligenciado.

O alimento trancado na despensa é tão inútil quanto a despensa vazia.

A água na cisterna não sacia a sede.

O que ocorre é exatamente isso.

Temos a água, mas falta-nos a iniciativa de buscá-la.

Afinal, isso implica em algumas mudanças drásticas em nossa vida, que nem sempre estamos dispostos a efetuar.

Alguns exemplos:

• ***Perdoar as ofensas***.

Como guardar rancor contra alguém que, não obstante o mal que nos tenha feito, é um filho de Deus?

• ***Superar as ambições.***

Quando o dinheiro deixa de ser parte da existência para transformar-se em finalidade dela, comprometemos a jornada.

• ***Eliminar o vício.***

Cigarros, álcool, drogas, fazem o céu artificial, sempre sucedido pelo inferno das enfermidades e desajustes.

• ***Combater os impulsos agressivos.***

Um momento de cólera, um gesto de agressividade, nos desajustam por longos períodos, isto quando não complicam a vida toda.

• ***Ajudar o semelhante.***

A essência do Evangelho está no empenho de nos colocarmos no lugar do próximo para fazer por ele o que gostaríamos que fizessem por nós, em idêntica situação.

Tudo isso implica em estender a caçamba da vontade ao fundo do poço, girar a carretilha da ação para retirar a água e exercitar a iniciativa de sorvê-la.

Resumindo:

É preciso cumprir os princípios cristãos.

Porém, se não estamos dispostos a esse esforço, cultivando a indulgência, a simplicidade, a virtude, a brandura e a fraternidade, permaneceremos sedentos mesmo diante do abençoado poço que Jesus nos oferece.

***

A samaritana não entendeu o alcance do que ouvia.

Pediu, ansiosa:

– Senhor, dá-me dessa água para que eu não tenha mais sede, nem precise vir tirá-la daqui.

Jesus, suave:

– Vai, chama o teu marido e volta aqui.

Ela, constrangida:

– Senhor, eu não tenho marido...

Jesus, incisivo:

– Disseste bem, declarando que não tens marido, porquanto cinco maridos tiveste e o que agora tens não é teu marido.

Não era sua intenção humilhar a interlocutora.

Apenas lhe demonstrava que estava diante de alguém capaz de desvendar os mistérios de seu coração.

Impressionada, pediu:

– Senhor, vejo que és profeta. Dize-me, então: nossos pais adoraram neste monte e vós outros dizeis que em Jerusalém é o lugar onde se deve adorar.

Momento solene, dos mais importantes no Evangelho!

Respondendo de forma magistral, o Mestre lança os fundamentos da verdadeira adoração:

– ...Mulher, crede-me. Virá a hora em que não será nem neste monte, nem em Jerusalém que adorareis o Pai. ***Deus é Espírito e em espírito e verdade é que o devem adorar os que o adoram.***

Problema fundamental, em nosso relacionamento com Deus:

Julgamos que haveremos de encontrá-lo nos templos religiosos. Tendemos, então, a materializar o culto, prendendo-nos a práticas exteriores.

O judeu procurava Deus nos sacrifícios do templo...
O católico procura Deus na missa...
O protestante procura Deus no culto...
O hinduísta procura Deus entoando mantras...
O muçulmano procura Deus repetindo rezas...
O espírita procura Deus na reunião mediúnica...

Tudo isso é bom e edificante, mas deve ser apenas parte de nosso empenho de comunhão com a divindade.

Se nos limitarmos a essas práticas, confundindo-as com vivência religiosa, estaremos esquecendo o fundamental – o combate às nossas imperfeições, no esforço de renovação íntima que marca a verdadeira religiosidade.

Para tanto é preciso procurar Deus ***em espírito e verdade***.

• ***Em Espírito*:**

Trata-se de uma busca interior, nunca uma prática exterior.

Deus está dentro de nós!

É preciso que nos disponhamos a ouvi-lo na intimidade da consciência.

Para tanto, que haja silêncio interior.

Que por momentos, diariamente, num canto qualquer, onde estejamos a sós, façamos cessar o burburinho dos interesses imediatistas e cultivemos reflexão, buscando meditar sobre nossa vida, o que somos, o que estamos fazendo na Terra, **o que Deus espera de nós**.

• ***Em verdade:***

A adoração só tem valor se formos fiéis a ela.

Não podemos ser bons eventualmente, quando as circunstâncias sejam favoráveis.

Com infinita paciência, diz doutrinador espírita, em sessão mediúnica, dirigindo-se a um Espírito obsessor:

– Meu irmão, estamos aqui para ajudá-lo. Você se envolveu com o mal por ignorar certas realidades que lhe temos mostrado. É chegada a hora de mudar. O Senhor lhe concede essa oportunidade. Somos todos seus filhos. Ele quer nossa felicidade e espera por nós. Não resista aos apelos do Bem!

O mesmo dirigente depois, ao lhe dizerem que um garoto riscou seu automóvel:

– Pivete ordinário! Mau caráter. Se o pego hei de esganá-lo. Gente assim justifica a ação dos grupos de extermínio. Esses bandidos devem ser fuzilados.

Não podemos ser verazes apenas quando seja conveniente.

Toca o telefone. O filho informa.

– Papai, é o prefeito. O senhor atende?

– Claro, imediatamente!

Pouco depois batem à porta:

– Papai, é um pedinte. Quer falar com o dono da casa.

– Diga que não estou...

Não podemos ser virtuosos apenas na aparência.

Em público:

– Os meios de comunicação estão pervertidos. Televisão, teatro, cinema, converteram-se em agentes do vício. É só sexo, violência, imoralidade, degradação! É o fim do mundo! Precisamos combater essa invasão das trevas!

Na intimidade:

– Hoje é dia daquele filme apimentado, no canal de variedades. Não posso perder.

É quando cultivamos o bem, a verdade e a virtude em todas as situações, em todos os lugares, que testemunhamos a autenticidade de nossa fé.

Se assim não fazemos estamos enganando a nós mesmos.

***

Admirada, diz a samaritana:

– Eu sei que vem o Messias (que se chama o Cristo). Quando ele vier, nos explicará tudo.

Jesus anuncia:

– Eu o sou, eu que falo contigo.

Pela primeira vez fora do círculo íntimo, Jesus reportava-se à sua condição messiânica.

Por que o faria àquela desconhecida, e ainda samaritana?

Certamente Jesus viu naquela mulher promissor potencial de espiritualidade, não obstante suas vacilações, tanto que considerou necessário atravessar a Samaria, como se tivesse um encontro marcado com ela.

Escreve Torres Pastorino, em *A Sabedoria do Evangelho,* volume dois:

Jesus, que nela viu um espírito de escol, capaz de penetrar os "mistérios do Reino", aproveita a circunstância para esclarecê-la; e de tal modo a impressiona, que sua evolução daí por diante se fez quase vertical, pois quinze séculos após ela se chamaria Teresa de Ávila, a única mulher que recebeu, da igreja católica, o título de "doutora da igreja", a "doutora seráfica", uma das maiores místicas que honraram e dignificaram a raça humana no ocidente.

***

Todos temos um encontro marcado com Jesus.

Em algum momento haveremos de encontrá-lo.

Não sabemos em que tempo – amanhã, talvez, ou daqui a séculos...

Mas podemos definir onde.

Será em nossa consciência, quando, superando a crença superficial e as rotinas do culto exterior, nos dispusermos a fazer uso da **água viva** que ele ofereceu à mulher samaritana.

CURADOS MAS NÃO ILUMINADOS

João, 4:46-54

Segundo João, Jesus esteve dois dias na Samaria.

Os habitantes da região maravilharam-se com sua sabedoria. Reconheceram nele alguém muito especial.

Depois voltou à Galiléia, onde foi recebido com entusiasmo.

Espalhavam-se rapidamente as notícias sobre os prodígios que operava e a mensagem que transmitia.

Eram tempos gloriosos.

O Céu parecia mais próximo da Terra!

Tão maravilhosa era a capacidade daquele mestre nazareno em refletir o poder e a grandeza de Deus que haveriam de confundi-lo com o próprio Criador.

***

Em Caná, foi procurado por alto funcionário de Herodes Ântipas.

A Palestina, sob dominação romana, estava dividida em quatro regiões administrativas, chamadas tetrarquias:

Galiléia, Judéia, Peréia e Samaria.

Para melhor acomodar as populações ao jugo que

lhes era imposto os romanos costumavam nomear filhos da terra como seus representantes.

Herodes, membro da aristocracia judaica, governava a Galiléia. Chamado rei pelos aduladores, era mero títere de Roma.

O visitante vinha de Cafarnaum.

Não viajava em missão oficial. Não era o representante do tetrarca quem ali estava. Apenas angustiado pai que lhe suplicava "*descesse e curasse o seu filho, que estava à morte*".

Certamente conhecia Jesus, sabia de seus poderes, tanto que não vacilou em percorrer perto de trinta quilômetros que separavam Cafarnaum de Caná, a fim de implorar sua intervenção.

***

Ao ouvir a solicitação, Jesus comentou:

– *Se não virdes sinais de prodígios, de modo algum crereis.*

O visitante ilustre reiterou, angustiado:

– *Desce, Senhor, antes que meu filho morra!*

A insistência revelava sua convicção de que Jesus salvaria o menino.

Falava em descer porque havia um desnível de

setecentos metros entre Caná, nas montanhas, e Cafarnaum ao nível do lago de Genesaré. Algo semelhante a descer de São Paulo, no planalto, para Santos, à beira-mar.

Jesus o fitou com bondade e afirmou, tranqüilo:

– *Vai! Teu filho vive.*

O representante do tetrarca sentiu a força daquela afirmativa e acreditou.

Cheio de ansiedade, partiu.

Ainda não chegara ao seu lar e já os servos vinham ao seu encontro, eufóricos, a dizer-lhe que o menino estava bem.

Quis saber a que horas se dera a cura.

– *Ontem, à hora sétima, a febre o deixou.*

Ele estivera com Jesus naquela tarde.

O leitor estranhará, certamente, a informação de que o menino livrara-se da febre no dia anterior.

É que para os judeus o dia começava no poente, quando o sol declina, por volta das dezoito horas.

Daí a expressão *ontem*, já que o representante de Herodes encontrou os servos ao anoitecer. A hora sétima corresponde às treze horas, exatamente quando se dera o encontro com Jesus.

Era o segundo prodígio operado em Caná. Mais um nos muitos que caracterizariam seu apostolado de bênçãos.

***

Significativa a observação de Jesus. Ele seria aceito pela multidão basicamente em razão das maravilhas e curas que operava. Poucos consideravam a excelência de seus princípios.

Aceito, portanto, mas pouco observado, escassamente seguido, raramente imitado.

Muitos foram beneficiados, sem se ligarem à sua mensagem. Não se conhece nenhum cego, surdo, paralítico ou mudo curado, a participar da comunidade cristã.

Nenhum deles esteve presente no julgamento de Jesus para defendê-lo, atestando sua integridade moral, seus poderes maravilhosos.

Nenhum deles o acompanhou na via-crúcis, disposto a testemunhar fidelidade aos seus princípios.

Temos exemplo típico em Lucas (17:11-18), que relata uma ação prodigiosa de Jesus.

Numa de suas viagens, à entrada de uma aldeia, surgiram dez leprosos. Não podiam aproximar-se, em virtude dos rigorosos costumes da época. Eram considerados *imundos.*

Clamaram de longe:

– Jesus, Mestre, tem misericórdia de nós.

Ele respondeu:

– Ide e mostrai-vos aos sacerdotes.

Para retornar ao convívio social, todo portador de

moléstia contagiosa devia submeter-se a exame de um sacerdote e dele receber o atestado da cura.

Cumprindo a determinação os leprosos partiram, confiantes de que seriam beneficiados por aquele famoso taumaturgo.

Esse fervor caracteriza o comportamento das pessoas que, desenganadas pela medicina da Terra, apelam para os poderes do Céu.

E mais uma gloriosa intervenção de Jesus aconteceu.

Em plena caminhada, os dez homens perceberam que a pele se recompunha, as manchas desapareciam...

A cura, tão ardentemente desejada, consumava-se!

Um deles apenas, por sinal samaritano, voltou para agradecer, glorificando a Deus em altas vozes.

Perguntou Jesus aos circunstantes:

– Não foram dez os que foram limpos? Onde estão os nove? Não houve quem voltasse para dar glória a Deus senão este estrangeiro?

Péssima média!

De dez beneficiados por Jesus, um apenas deu-se ao trabalho de lhe agradecer, e nem sabemos se foi além disso. Não há notícias sobre possível participação na comunidade dos discípulos.

É assim mesmo.

Essas reações são típicas da natureza humana.

Os fenômenos, mesmo quando envolvam prodígios de cura, funcionam como *fogos de artifício*.

Empolgam, atraem, deslumbram, mas logo passam, sem deixar rastros.

Iluminam o Céu, sem grandes repercussões na Terra.

***

Algo semelhante ocorre com o Espiritismo.

Milhares de pessoas passam pelo Centro Espírita Amor e Caridade, em Bauru, anualmente. Se todos os beneficiários dos serviços de passes e atendimento espiritual se convertessem, em breve teríamos a maior comunidade espírita da Terra.

Assim como nos tempos de Jesus, as pessoas continuam preocupadas com o imediatismo terrestre, sem cogitações espiritualizantes. Desejam apenas a cura de seus males e solução de seus problemas. Aceitam os princípios doutrinários, confiam na proteção dos Espíritos, colhem de suas dádivas, mas...

Falta-lhes algo que Michel Quoist define maravilhosamente, num poema inesquecível:

Saí, Senhor,
Lá fora os homens saíram,
Iam,
Vinham,
Andavam,
Corriam.
As bicicletas corriam,

Os automóveis corriam,
Os caminhões corriam,
A rua corria,
A cidade corria,
Todo o mundo corria.
Corriam todos, para não perder tempo:
Corriam ao encalço do tempo,
para recuperar o tempo,
para ganhar tempo.

Até logo, doutor, desculpe-me – não tenho tempo.
Passarei outra vez, não posso esperar mais – não tenho tempo.
Termino esta carta – pois não tenho tempo.
Queria tanto te ajudar – mas não tenho tempo.
Não posso aceitar, por falta de tempo.
Não posso refletir, nem ler, ando assoberbado – não tenho tempo.
Gostaria de rezar – mas... eu não tenho tempo.

Compreendes, Senhor, eles não têm tempo.
A criança está brincando, não tem tempo agora mesmo... mais tarde...
O estudante tem seus deveres a fazer, não tem tempo... mais tarde...
O universitário tem lá suas aulas, e tanto, tanto trabalho que não tem tempo...
mais tarde...

O rapaz pratica esporte, não tem tempo...
mais tarde...
O que casou, há pouco, tem sua casa, deve
organizá-la, não tem tempo... mais tarde...
O pai de família tem seus filhos,
não tem tempo... mais tarde...
Os avós têm seus netos, não têm tempo...
mais tarde...
Estão doentes. Precisam tratar-se...
não têm tempo... mais tarde...
Estão à morte, não têm...
Tarde demais... não têm mais tempo.

Assim correm todos os homens atrás do tempo, Senhor.
Passam correndo pela Terra
apressados,
atropelados,
sobrecarregados,
enlouquecidos,
assoberbados,
Nunca chegam, falta-lhes tempo,
Apesar de todos os esforços, falta-lhes tempo,
Falta-lhes mesmo muito tempo.
Com certeza, Senhor, erraste os cálculos.
Há um engano geral:
Horas curtas demais,
Dias curtos demais,
Vidas curtas demais.

Tu que estás fora do tempo, Senhor, sorris ao ver-nos
assim brigar com ele,
E sabes o que fazes.
Não te enganas quando distribuis o
tempo aos homens,
A cada um dás o tempo de fazer o que
queres que faça.
Mas é preciso não perder tempo,
não esbanjar tempo,
não matar o tempo,
Pois o tempo é um presente que nos dás.
Presente perecível,
Um presente que não se conserva.

Tenho tempo, Senhor,
Tenho todo o meu tempo,
Todo o tempo que me dás,
Os anos de minha vida,
Os dias de meus anos,
Os minutos de meus dias,
São todos meus.
Cabe-me preenchê-los
tranqüilamente,
calmamente,
Mas preenchê-los inteirinhos, até a borda,

Para dá-los a Ti
– e que, da água sem sabor,
faças um vinho generoso
como outrora, em Caná,
fizeste para as bodas humanas.

Nesta noite eu não te peço, Senhor, o tempo de fazer
isto e depois aquilo.
Peço-te a graça de fazer, conscienciosamente, no
tempo que me dás, o que queres que eu faça.

O ANO ACEITÁVEL DO SENHOR

Lucas, 4:16-30

O termo sinagoga significa literalmente *reunião.*

Era o local onde se congregavam os judeus para orar e estudar os textos sagrados – o *Torá,* conhecido também como *a Lei,* atribuído a Moisés, composto pelos cinco primeiros livros do *Velho Testamento* (*Gênesis, Êxodo, Levítico, Números e Deuteronômio*) e os *Profetas.*

Situavam-se, essencialmente, como centros da vida social e cultural.

Funcionavam como biblioteca, escola, tribunal...

O edifício tinha forma retangular. À entrada, uma grande porta central, ladeada de duas menores. A assembléia ficava voltada para a arca sagrada que guardava os rolos do Torá e dos Profetas.

***

No salão havia, geralmente, três fileiras de bancos.

Os homens ocupavam a parte do meio.

As mulheres ficavam nas laterais, separadas, sem direito à participação.

Essa tendência caracterizou também o Cristianismo.

O próprio apóstolo Paulo, não obstante seu espírito indômito, renovador, não se furtou a esse comportamento preconceituoso, tanto que na Primeira Epístola aos Coríntios (14:34-35) proclama:

– Conservem-se as mulheres caladas na igreja, porque não lhes é permitido falar; mas estejam submissas como também a lei o determina. Se, porém, querem aprender alguma coisa, interroguem a seus maridos, porque para a mulher é vergonhoso falar na igreja.

Um amigo gracejava dizendo que foi puro sadismo de Paulo impedir que as nobres representantes do sexo feminino exercitassem sua maior vocação.

Perguntava:

– Haverá tortura maior para uma mulher do que proibi-la de falar?

Talvez o apóstolo apenas quisesse evitar que o tititi das laterais perturbasse a reunião...

***

No fundo, sobre a plataforma, ficava a arca onde se guardavam as escrituras sagradas.

À frente, o púlpito. Nele, os textos escolhidos para a leitura do dia. Utilizavam-se pergaminhos feitos com pele de ovelha, cabra ou outro animal puro, não carnívoro.

Cada livro do Torá ou dos Profetas tinha seu próprio pergaminho.

Entre o armário santo e o púlpito ficavam as cadeiras de honra, voltadas para os fiéis, onde se sentavam os membros mais importantes da comunidade.

Eram os disputados *primeiros lugares*. Seriam motivo dos comentários de Jesus, referindo-se à preocupação de destaque que caracterizava muita gente.

O chefe da sinagoga, chamado presidente ou príncipe, dirigia as reuniões. O culto era celebrado pela manhã, geralmente no dia consagrado ao Senhor, o sábado.

Um dos presentes fazia a leitura. Seguiam-se explicações e sermões do presidente ou pessoa designada. Havia também troca de idéias em torno do tema abordado.

Era um sistema democrático. Visitantes podiam fazer uso da palavra.

***

Jesus esteve várias vezes nas sinagogas, dialogando com os dirigentes e a assembléia. Nelas operou prodígios e curas.

Regressando da Samaria, foi à sinagoga em Nazaré, cidade onde residira até o início de seu apostolado.

Convidado a fazer a leitura, apresentaram-lhe o livro de Isaías, um dos grandes profetas judeus, que oito séculos antes previra a vinda do Messias.

Jesus levantou-se, desenrolou o pergaminho, e leu (Isaías 61:1-2):

– O Espírito do Senhor está sobre mim. Ungiu-me para anunciar boas novas aos pobres; enviou-me para proclamar a libertação dos cativos, restauração da vista aos cegos e para pôr em liberdade os oprimidos e proclamar o ano aceitável do Senhor.

Foi um dos momentos mais marcantes da história cristã.

Dera-se, finalmente, o encontro da anunciação com o anunciado.

O mensageiro revelava-se.

A profecia sobre o Messias era lida pelo próprio Messias.

***

Se ficarmos na apreciação literal, as predições de Isaías não fazem sentido.

Jesus não libertou nenhum preso...

Não se limitou a curar cegos...

Não livrou o povo judeu do jugo romano...

Para entender o profeta é preciso atentar ao sentido simbólico de sua proclamação.

A pior prisão não tem grades.

Está em nosso íntimo, quando perdemos o rumo da existência, sob a tutela de carcereiros terríveis:

- a depressão, que inibe a vontade de viver...
- o ódio, que aniquila a paz...
- a dúvida, que destrói a crença...
- a revolta, que mata a esperança...

Jesus nos ajuda a arrombar suas portas com a dinâmica do Evangelho, anulando:

- a depressão, com o esforço do bem...
- o ódio, com a força do perdão...
- a dúvida, com os valores da fé...
- a revolta, com a bênção da aceitação...

A pior cegueira é a da alma.

Não vemos por onde andamos e entramos por desvios perigosos de ilusão, perseguindo realizações efêmeras do homem perecível, sem considerar as necessidades do Espírito eterno.

Jesus abre nossos olhos.

Com ele aprendemos que a existência humana é uma jornada para Deus.

Para seguirmos com segurança faz-se indispensável iluminar os caminhos com os valores do Bem e da Verdade, admiravelmente sintetizados nas lições evangélicas.

A pior tirania é a compulsão.

Algo que nos domina, que nos oprime...

Todo viciado tende a ser um compulsivo, envolvendo-se num comportamento comprometedor. Não vacila em burlar os regulamentos. Coloca em risco a saúde e a segurança de outras pessoas para satisfazer-se.

Impedidos de acender seus cigarros nas viagens aéreas, fumistas procuram os sanitários, onde também é proibido. Não raro danificam os sensores de fumaça para não serem descobertos. Um incêndio somente será detectado quando se alastrar irremediavelmente.

Algo pior ocorre com drogas como a heroína e a cocaína. Assaltantes que chocam a opinião pública pelos requintes de crueldade, não vacilam em matar para conseguir o dinheiro necessário à sustentação do vício.

E há os chamados vícios morais, como a maledicência, a mentira, o palavrão, a luxúria, a pornografia, compulsões que produzem estragos no psiquismo humano.

Esses desvios não serão vencidos enquanto não nos dispusermos a aplicar o Evangelho, nossa carta de alforria espiritual, cultivando a palavra justa, o pensamento puro, a ação disciplinada.

***

Após a leitura, Jesus anunciou:

– *Cumpriram-se hoje as afirmativas destas escrituras.*

A reação da assembléia foi de espanto. E diziam, entre si.

– *Mas não é esse o filho de José...* – como se fosse impossível o filho de um carpinteiro fazer aquela proclamação.

Jesus lhes respondeu:

– *Sem dúvida, me recordareis este provérbio: "Médico, cura-te a ti mesmo. Faze na tua terra as grandes obras que, segundo ouvimos falar, fizeste em outros lugares". Mas, em verdade, vos afirmo que nenhum profeta é aceito na sua terra. Em verdade vos digo que muitas viúvas havia em Israel, ao tempo de Elias, quando o Céu se fechou durante três anos e seis meses e grande fome assolou toda a Terra; entretanto, Elias não foi enviado a nenhuma delas, mas a uma que era viúva em Sarepta de Sídon. Havia, também, muitos leprosos em Israel, ao tempo do profeta Eliseu, e, no entanto, nenhum ficou limpo senão Naamã, que era da Síria.*

A estranheza dos habitantes de Nazaré foi bem humana.

Difícil aceitar uma posição de destaque para alguém com quem convivemos, que conhecemos desde as limitações da infância, cujas virtudes ignorávamos.

Pode ferir o nosso ego.

A inveja sempre se aborrece com o sucesso dos que lhe são próximos.

Por isso Jesus proclamou que nenhum profeta opera prodígios em sua terra. E citou dois exemplos, contidos nas escrituras, em que uma viúva e um leproso, que não eram judeus, foram beneficiados por Elias e Eliseu.

A viúva era de Sarepta, uma pequena cidade nas proximidades de Sídon (hoje no Líbano). Segundo o relato no livro 1 Reis (17:8-24), a região passava por grande seca. Elias foi inspirado por Jeová a procurá-la. Não era judia. No entanto foi beneficiada com dois prodígios. Primeiro uma panela mágica onde nunca faltava alimento; depois a cura de seu filho, dado como morto.

O leproso era Naamã, chefe do exército da Síria, como está em 2 Reis (5:1-14). Eliseu lhe recomendou que mergulhasse sete vezes nas águas do Jordão. Naamã cumpriu a orientação e curou-se. Cheio de júbilo, quis recompensar seu benfeitor, que se recusou terminantemente a receber qualquer presente.

Eliseu era a figura típica do profeta de sua época, austero, inflexível e temperamental, capaz de inacreditáveis sanções, como a que imporia a Geazi, seu discípulo.

Geazi acompanhou Naamã.

Bem à moda do falso religioso, inventou uma história de suposto benefício a filhos da região e recebeu talentos de prata, que guardou para si.

Ao ter conhecimento do que acontecera, Eliseu amaldiçoou Geazi, dizendo-lhe que a lepra de Naamã o atingiria, bem como à sua descendência, para sempre.

O episódio termina com Geazi retirando-se, já leproso.

Faltava compreensão aos profetas de Israel, sempre dispostos a evocar a ira divina sobre aqueles que não observavam sua orientação.

Jesus ensinava diferente. Revelava um deus compassivo, um pai generoso, não um intransigente vingador.

Importante ressaltar que ao citar Isaías, na leitura da sinagoga, Jesus leu apenas parte do versículo dois:

...a apregoar o ano aceitável do Senhor...

Omitiu a seqüência:

... e o dia da vingança de nosso Deus...

Não obstante seus elevados dotes espirituais Isaías também não conseguiu superar as limitações de seu tempo e as tendências belicosas do povo judeu.

A vingança é sempre um ato de insanidade, não raro estúpido, absurdo, como fez Eliseu com seu discípulo.

***

A franqueza de Jesus chocou seus conterrâneos que, segundo a narrativa do evangelista Lucas, o expulsaram da cidade. Cogitaram até de atirá-lo num abismo.

Mas não era chegado o tempo de sacrifício.

A mensagem do Reino ainda não fora anunciada.

Por isso, nada puderam fazer contra ele.

Jesus continuou a anunciar *o ano aceitável do Senhor,* o tempo abençoado em que se iniciava a pregação do Reino.

Individualmente, todos haveremos de ter um ano sagrado.

O grande ano, o *ano aceitável* de nossa existência como Espíritos imortais, será aquele em que aderirmos às diretrizes de Jesus, dispondo-nos à vivência plena do Evangelho!

LUZ PRÓPRIA

Marcos,1:21-28
Lucas 4:33-37

As lições de Jesus tinham caráter universalista que transcendia as limitações do judaísmo.

Por isso, sua presença nas sinagogas não atendia ao mero cumprimento de deveres religiosos. Centros de cultura judaica, elas facilitavam o acesso às comunidades. E de cidade em cidade maravilhava os ouvintes com seus comentários inesquecíveis, revelando invejável conhecimento da *Lei* e dos *Profetas*.

Ratificava o que era imutável, de inspiração divina. Retificava o que era transitório, de elaboração humana.

Sobretudo, oferecia uma nova visão de Deus.

Não mais o senhor dos exércitos da tradição mosaica, o vingador implacável, mas o Pai amoroso que trabalha incessantemente pela felicidade de seus filhos.

Antes de citar uma passagem das escrituras, de caráter temporal e sectário, dizia:

Tende ouvido o que foi dito aos antigos...

Depois, enunciando um conceito novo, mais condizente com as necessidades dos ouvintes, de caráter perene e universal:

Eu, porém, vos digo...

E resumia o hoje chamado *Antigo Testamento,* explicando que os dois mandamentos mais importantes ali contidos eram:

O amor a Deus acima de todas as coisas (Deuteronômio, 6:5).

O amor ao próximo como a si mesmo (Levítico, 19:18).

Pensamento ágil, idéias claras, revelava a simplicidade da sabedoria autêntica e a profundidade da verdade revelada.

E quem poderia negar autoridade àquele homem tocado de divino poder, que curava males do corpo e da alma e operava maravilhosos prodígios?

***

Deixando Nazaré, Jesus retornou a Cafarnaum.

Episódios marcantes se desdobraram.

Na sinagoga tinha ouvintes atentos e interessados, sem os problemas verificados em Nazaré.

Diz o evangelista Marcos:

E admiravam-se muito de seu ensino, porque ele ensinava como quem tinha autoridade, e não como os escribas.

Os escribas eram os *doutores da Lei,* estudiosos encarregados de preservar e interpretar os textos sagrados.

Suas abordagens apoiavam-se na autoridade de Moisés e dos profetas.

Situavam-se como comentaristas.

Com Jesus era diferente.

Tinha luz própria.

Os escribas buscavam o conhecimento.
Jesus exercitava a sabedoria.

Os escribas reproduziam idéias.
Jesus inspirava ideais.

Os escribas olhavam o passado.
Jesus descortinava o futuro.

Os escribas sustentavam a tradição.
Jesus promovia a renovação.

Por isso as pessoas se deslumbravam, reconhecendo nele uma autoridade que transcendia as limitações dos doutores da lei.

***

Doentes de todos os matizes chegavam, atraídos por sua fama de taumaturgo.

Havia, também, enfermos da alma, dominados por ferozes obsessores, que Jesus afastava, fazendo uso de irresistível força moral.

Numa das pregações na sinagoga de Cafarnaum, um homem levantou-se, tomado por um Espírito impuro, a reclamar:

– Que temos contigo, Jesus nazareno? Vieste para nos destruir? Sei quem és! És o santo de Deus!

Jesus, repreendendo-o, disse-lhe:

– Cala-te e sai desse homem.

O homem agitou-se, deu um grito e caiu.
O povo ficou maravilhado.

– Que vem a ser isso? Que nova doutrina é essa, cheia de poder? Ele dá ordem e mesmo os Espíritos impuros obedecem?

***

Ainda hoje Espíritos dessa natureza continuam a exercer sua influência. As religiões tradicionais os situam como seres demoníacos que intentam nossa perdição.

Avançando adiante das especulações teológicas, com base em experimentação mediúnica, que nos permite entrar em contato com o mundo espiritual, a Doutrina Espírita faz surpreendente revelação:

Os supostos demônios são apenas homens desencarnados ou as almas dos mortos, agindo no plano espiritual de conformidade com as tendências que cultivaram na Terra.

Variadas motivações os inspiram.
As mais freqüentes:

- *Vingança.*

Pretendem impor-nos prejuízos e males tão acentuados como aqueles que lhes causamos no passado próximo ou remoto, em existências anteriores ou na atual.

Experimentamos dificuldade para resistir, porquanto temos débitos com eles que facilitam seu acesso ao nosso psiquismo, situando-nos vulneráveis às suas investidas.

- *Poder.*

Dotados de grande força mental, rebeldes e possessivos, pretendem exercitar o domínio sobre coletividades encarnadas e desencarnadas.

Tiranos empolgados pela mesma volúpia, como Hitler, Stalin, Nero, Átila, são instrumentos dóceis em suas mãos, gerando perturbadoras convulsões sociais que semeiam a destruição e a morte.

- *Vampirismo.*

Presos à vida material, atormentados por viciações que cultivaram, exploram as tendências dos encarnados e lhes sugam as energias para que, por associação psíquica, possam satisfazer-se.

Alcoólatras, fumantes, toxicômanos, são presas fáceis. Daí dizer-se que todo viciado é um obsediado em potencial.

Apesar de sua rebeldia, esses Espíritos são filhos de Deus, submetidos a leis inexoráveis de evolução que mais cedo ou mais tarde os reconduzirão aos roteiros do Bem.

O demônio de hoje será um anjo amanhã.

***

As vítimas desse pressionamento são tomadas de idéias infelizes, experimentam um exaurir de energias, sofrem condicionamentos negativos, adoecem...

A Medicina pouco pode fazer. Apenas cuida dos efeitos, os desajustes físicos decorrentes desse pressionamento espiritual.

O jeito é apelar para a medicina do Céu.

Por isso Jesus vivia rodeado de gente perturbada, obsediados, que não raro entravam em crise durante suas pregações.

Os contestadores, maliciosamente, tentavam confundir a multidão. Proclamavam que sua doutrina gerava graves doenças mentais, porquanto obrava por conta do demônio.

Acontecia exatamente o contrário.

As pessoas o procuravam porque ele afastava o demônio.

As crises dos supostos doentes mentais diante dele

apenas traduziam a agitação dos Espíritos obsessores, que se sentiam ameaçados por alguém de irresistível poder, capaz de afastá-los das suas vítimas.

***

Algo semelhante ocorre com o Espiritismo.

Especializados em cuidar dos males da alma, os Centros Espíritas são procurados por multidões portadoras de variados males, físicos e psíquicos, originários de influências espirituais, como acontecia no tempo de Jesus.

Não raro, durante as reuniões mediúnicas e doutrinárias, e, particularmente no trabalho de passes, há pessoas que se sentem mal, com opressão, falta de ar, tontura, inquietação. Ocorrem até desmaios.

Assim como o faziam diante de Jesus os obsessores agitam-se no Centro Espírita, porquanto reconhecem ali o mesmo poder de neutralizar sua influência.

***

Não raro, quando o obsediado procura o Centro Espírita e se submete ao tratamento espiritual, experimenta um recrudescer de seus males.

Começa bem, animado, cheio de esperanças...

Eis que, inesperadamente, surgem novas crises, até mais desgastantes.

O paciente interrompe o tratamento e se afasta, desiludido.

Não o faria se soubesse que se trata de uma estratégia dos obsessores. Eles acentuam a pressão, sugerindo-lhe que ficou pior.

Por isso é importante perseverar, sem esmorecimento.

***

Às vezes acontece o contrário:

O obsessor afasta-se por algum tempo.

A vítima experimenta imediato alívio, suspende o tratamento e vai cuidar da vida.

Retornando às suas rotinas, *baixa a guarda*, descuida-se das orientações recebidas, e é facilmente envolvida em novas incursões dos perseguidores espirituais.

***

Geralmente, em face de perturbações espirituais, apelamos para a religião. Lembramos de Jesus, repetimos a oração que ele ensinou, evocamos seus ensinamentos como se fossem recursos mágicos, capazes de afastar influências nefastas.

Apoiamo-nos na sua autoridade, à semelhança dos antigos comentaristas dos textos sagrados do judaísmo. E o mestre tem poderes para nos ajudar.

Mas, se não queremos nos ver às voltas com males que se sucedem e influências que sempre voltam, é preciso um pouco mais.

Imperioso fazer lume em nossa alma, acender luz própria, deixando a condição de meros beneficiários de suas dádivas, transformando-nos em cooperadores dedicados.

Não nos pede Jesus que desenvolvamos atilada inteligência ou extensa cultura.

Para acender nossa alma é preciso apenas que elejamos o Bem como roteiro de nossas vidas, dispondo-nos ao sacrifício dos interesses pessoais em favor do próximo.

Isso será suficiente.

É o que nos ensina o Mestre, quando recomenda (Mateus, 5:16):

– Brilhe a vossa luz diante dos homens, para que vejam as vossas boas obras e glorifiquem a vosso Pai que está nos céus.

SURPRESA NA CASA DE PEDRO

Mateus, 8:14-16
Marcos, 1:29-39
Lucas, 4:37-44

Após o episódio na sinagoga, Simão Pedro levou Jesus e dois companheiros, Tiago e João, ao seu lar.

Ao entrarem, uma surpresa:

A sogra de Pedro, em estado febril...

Jesus tomou-lhe as mãos.

Em breves momentos a temperatura normalizou-se. Ergueu-se bem disposta e pôs-se a servir os visitantes.

Evidenciavam-se uma vez mais os poderes incomparáveis do Messias. Com simples toque curava os mais variados males.

Surpreendente, amigo leitor, não foi a presença da febre.

Primeira defesa do organismo em face de determinados males, todos a experimentamos eventualmente.

Nem a sogra morar com o genro.

O apóstolo tinha vocação para a santidade...

A surpresa foi ele ter sogra!

Pedro seria consagrado na Idade Média como o primeiro papa.

Um sumo pontífice casado!

Por que não?

Não há nos ensinamentos de Jesus qualquer referência a suposta incompatibilidade entre a vocação religiosa e o matrimônio.

Em nenhum momento Jesus impõe o celibato como algo indispensável para que o indivíduo se integre nas funções de orientador espiritual de uma comunidade, mesmo um papa.

***

Nos serviços de atendimento fraterno, no Centro Espírita, constata-se que as causas mais freqüentes dos desajustes espirituais relacionam-se com os conflitos familiares, sustentados por dificuldades de relacionamento, incontinência verbal, problemas financeiros, educação dos filhos...

É complicado orientar os entrevistados com base apenas na teoria, sem vivência familiar, envolvendo cônjuges e filhos. O conhecimento é importante, mas a experiência é fundamental.

Imaginemos um cirurgião não familiarizado com o bisturi...

Um botânico que nunca lidou com plantas...

Um professor de dança que jamais ensaiou um passo...

Não havia imposição do celibato na primitiva comunidade cristã. Os fiéis, em qualquer posição da hierarquia religiosa, casavam-se, conscientes da perfeita compatibilidade entre seus compromissos espirituais e familiares.

Pedro é o exemplo maior.

***

A partir do século quarto, quando Constantino iniciou o processo que transformaria o Cristianismo em religião oficial do Império Romano, o movimento se institucionalizou e surgiu o profissionalismo religioso.

A partir daí houve lamentáveis desvios.

Um deles foi a imposição do celibato, consagrado no concílio de Latrão, no ano de 1139.

Dentre os objetivos, três primordiais:

• Preservar os bens da instituição.

Sacerdotes casados tenderiam a privilegiar a formação de seus próprios patrimônios.

• Preservar a castidade.

O sexo, para os teólogos medievais, era algo pecaminoso. Como poderia o ministro de Deus, o orientador religioso, exercitá-lo? Seria um sacrilégio!

• Preservar a dedicação plena.

Compromissos e problemas familiares desviariam o sacerdote de seus deveres com a comunidade dos fiéis.

Em defesa do celibato sacerdotal evoca-se sempre Paulo de Tarso:

Na primeira epístola aos Coríntios, capítulo 7, versículo 8, diz o apóstolo:

– E aos solteiros e viúvos, digo que lhes seria bom se permanecessem no estado em que também vivo.

Se os cristãos levassem sua observação ao pé da letra, estariam contribuindo para a extinção da raça humana. Considera-se, entretanto, que ele se referia aos que se dedicam às atividades religiosas. Melhor que não assumam compromissos conjugais para que tenham maior liberdade nos serviços da fé.

Mas Paulo não pretendia instituir um dogma, tanto que acentua em seguida:

– Caso, porém, não se dominem, que se casem, porque é melhor casar do que abrasar.

Se o impulso do acasalamento, instintivo na natureza humana, fala alto, é razoável que o religioso constitua família, sem abdicar de seu ideal.

***

Muitos Espíritos reencarnam para sagradas tarefas no seio da religião.

Desde cedo sentem a convocação da espiritualidade.

Se católicos, entram para o seminário, preparando-se para o sacerdócio.

Podem, entretanto, não ter vocação para o celibato e a castidade.

Enfrentam dorida solidão. Experimentam o desejo sexual, ardem-se em fantasias e sonhos eróticos. Surpreendem-se com orgasmos em pleno sono.

Atormentam-se. Têm dramas de consciência...

– **São os demônios** – proclamam seus superiores.

– **São os hormônios** – esclarecem os médicos.

É a sexualidade a desabrochar, sinalizando o acasalamento.

As imagens oníricas dramatizam o que está acontecendo com o corpo, da mesma forma que a criança com incontinência urinária sonha que está fazendo xixi e molha a cama.

Muitos sucumbem aos apelos da Natureza. Abandonam seus compromissos ou se envolvem em ligações proibidas.

Culpados?

Não!

Culpa de uma disciplina que contraria a lei natural.

***

O homem e a mulher são duas partes que se completam.

Cérebro e coração...

Razão e sentimento...

Força e sensibilidade...

Permutam recursos magnéticos de equilíbrio e bem-estar, como valiosos estímulos para as realizações mais nobres.

Salvo, portanto, circunstâncias especiais, em que a própria Vida impõe a solidão afetiva, ou por voluntária opção, o casamento surge como um caminho natural para o homem.

Isso não impede sua realização no campo religioso.

Grandes vultos da Humanidade, com atuação marcante em favor do progresso humano, foram casados e tiveram filhos.

Há até um ditado famoso, de exaltação do sexo feminino:

Por trás de um grande homem há sempre uma grande mulher.

No Espiritismo, onde o celibato é escolha pessoal, jamais uma imposição, temos representantes ilustres participando de respeitável "time dos casados":

Bezerra de Menezes, grande médico da pobreza...

Peixotinho, extraordinário médium de efeitos físicos...

Cairbar Schutel, valoroso pioneiro do jornalismo espírita...

Hermínio Miranda, notável escritor...

Hernani Guimarães Andrade, baluarte da pesquisa espírita...

O exemplo maior está no próprio Codificador.

Allan Kardec tinha em sua esposa, Amelie Boudet, inestimável colaboradora.

***

Há, porém, algo imperioso que devemos observar:

Se é um erro o homem negligenciar a família humana para cuidar da família universal, não menos equivocado está aquele que se dedica exclusivamente à família humana, esquecendo-se da família universal.

Concretizada a união de dois corações enamorados que se realizam nos cuidados e nas alegrias do lar, muitos casais tendem a ver no círculo familiar o início e o fim de suas iniciativas e preocupações.

Prendem-se ao conceito estreito de família como ligação consangüínea, um clube fechado pelas chaves do sangue.

Nesses lares são precárias a paz e a harmonia, porquanto suas raízes de estabilidade emocional e espiritual são frágeis e curtas – não ultrapassam o torrão doméstico.

Para pessoas assim, que compõem grande parcela da Humanidade, problemas e limitações, contrariedades e dissabores, normais na Terra, tornam-se dramas terríveis, sempre que atingem o agrupamento familiar.

Por isso, o amor que inspira o anseio de uma vida em comum, onde os filhos apresentam-se como frutos abençoados de afetividade, somente se manterá em plenitude, sem enganos, sem temores, sem desequilíbrios, quando suas raízes se estenderem além das paredes estreitas do lar.

Não há nada mais edificante e belo que o exemplo de corações que se amam, unidos no mesmo propósito de exercitar a fraternidade, participando de obras sociais e serviços religiosos, em busca da suprema realização humana – a integração na família universal.

O acasalamento nos realiza como filhos do homem.

A solidariedade nos realiza como filhos de Deus.

E se amamos a família consangüínea e muito nos preocupamos com ela, multiplicando rogativas ao céu em seu benefício, recordemos que Jesus foi até a sogra de Pedro porque Pedro estava com Jesus.

TODA A CIDADE

Marcos 1:32-39
Lucas, 4:40-44; 5:1-10

Após curar a sogra de Pedro, Jesus permaneceu em sua casa, onde provavelmente estava hospedado. Ao pôr-do-sol começaram a chegar enfermos de variados matizes.

Por que somente à noitinha?

É que até as 18 horas estavam no sábado. O dia consagrado ao Senhor não podia ser maculado por atividade não ligada às práticas religiosas, mesmo que se tratasse da saúde humana.

Jesus curara pela manhã um obsediado, na reunião da sinagoga, e à tarde a sogra de Pedro, mas fora por sua própria iniciativa.

O evangelista Marcos, exageradamente talvez, mas empenhado em ressaltar a afluência de pessoas, diz que *toda a cidade estava reunida diante da porta.*

Se considerarmos que Cafarnaum tinha perto de seis mil habitantes, podemos imaginar que havia muita gente atraída por aquele mestre nazareno, que curava males do corpo e da alma.

***

Revela Lucas que, *impondo as mãos sobre cada um deles, os curou.*

Impor as mãos é uma expressão bastante familiar no meio espírita. Seguindo a orientação evangélica, aplica-se o *passe*, uma transfusão de energia magnética, envolvendo os recursos do próprio passista e dos Espíritos que o assistem.

Os problemas, as tensões, as ansiedades, os temores, que caracterizam a existência humana podem produzir um esvaimento energético ou um envenenamento das energias magnéticas, tornando a pessoa vulnerável às influências espirituais. O passe renova e restaura essas energias, favorecendo a recuperação.

Embora sem a eficiência e o poder exercitados por Jesus, podemos beneficiar pessoas debilitadas e enfermas quando nos dispomos a vibrar em seu benefício, mobilizando três recursos:

- **o coração**, no propósito de servir.

- **o cérebro**, na sintonia com as fontes celestes.

- **as mãos**, na exteriorização do magnetismo curador.

***

Como ocorrera na Sinagoga, pela manhã, muitos Espíritos obsessores submetiam-se ao poder de Jesus e se afastavam de suas vítimas.

Devia ser muita gente mesmo, porquanto, segundo a narrativa evangélica, Jesus terminou o atendimento ao amanhecer.

Afastou-se, então, dirigindo-se a local deserto e solitário para orar.

Em inúmeras passagens evangélicas o vemos buscando a soledade para a comunhão com Deus.

Há duas maneiras de orar:

A primeira, mais simples, mais comum, envolve grupos de pessoas, que entoam hinos, rezas, mantras...

A repetição das palavras, às quais se atribuem poderes mágicos, em murmúrios e cânticos, cria um campo vibratório que produz interessantes resultados.

A experiência tem demonstrado que os católicos que rezam o terço, os evangélicos que cantam hinos, os hindus que repetem mantras, sentem-se bem; experimentam até alguma euforia quando o fazem em grupos, cultivando uma exaltação da fé.

A segunda, muito mais importante, é feita na soledade, no silêncio do quarto ou em local ermo. Conversamos com Deus, expondo os nossos problemas e dificuldades, como o filho que busca confiante a ajuda do pai.

É uma oração especial.

Exige silêncio, não apenas exterior, mas também na intimidade d'alma, dando trégua aos desejos e interesses humanos para que possamos ouvir o Senhor dentro de nós.

Há uma grande diferença entre ambas.

Na repetição de fórmulas, habilitamo-nos a receber as bênçãos do Céu. Sentimo-nos reconfortados, mas de forma efêmera. Logo nos acomodamos novamente às nossas tendências e desajustes.

Na introspecção, no empenho por concentrarmos a mente e mobilizarmos o sentimento buscando a sintonia com o Alto, nós é que nos elevamos a Deus. Pairamos acima das fragilidades humanas, fortalecendo-nos para lutar contra elas.

É a partir daí que se processa nossa renovação.

Era assim que Jesus orava, jamais cultivando rituais, cânticos ou rezas.

Quando os discípulos, no Sermão da Montanha, lhe pediram que os ensinasse a orar, Jesus enunciou o *Pai Nosso*.

Longe de ser uma reza, uma fórmula, é uma orientação dos sentimentos que devemos mobilizar na oração, partindo de uma convicção fundamental: estamos nos dirigindo ao nosso pai.

Era nessa comunhão que Jesus encontrava forças para continuar seu trabalho no dia seguinte, depois de ter passado a noite inteira socorrendo aqueles que o procuravam.

***

Pouco depois chegavam os discípulos a lhe dizer que já havia mais gente para ser atendida.

E Jesus respondeu:

Também às outras cidades eu preciso dar as boas notícias do Reino de Deus, pois para isso fui enviado.

Era preciso despertar o espírito humano para os labores do Bem, alicerce do Reino Divino.

Prisioneiros dos males humanos sempre estariam em seu caminho, e ele os atenderia, mas era preciso priorizar a divulgação da mensagem libertadora.

***

Alguns dias depois estava às margens do Tiberíades quando se viu cercado pela multidão. Todos queriam vê-lo, ouvi-lo, tocá-lo, receber suas bênçãos...

Entrando no barco de Pedro, pediu-lhe que se afastasse um pouco da praia, guardando alguma distância a fim de que pudesse falar sem ser perturbado pelos mais afoitos.

Terminada a pregação, recomendou aos discípulos que lançassem as redes.

Simão Pedro redargüiu:

– Mestre, tendo trabalhado toda a noite, nada apanhamos; porém sobre tua palavra lançarei as redes.

O apóstolo julgava ocioso, mas, enfim, se Jesus recomendava...

Para sua surpresa, eram tantos os peixes apanhados que as redes se rompiam. Acenou para os companheiros. Que viessem em outro barco. E as duas embarcações quase afundavam ao peso do pescado recolhido.

Era mais um prodígio operado por Jesus, daqueles que deixavam as pessoas maravilhadas, mas nada de sobrenatural.

O parapsicólogo diria que Jesus exercitara uma faculdade extra-sensorial:

A clarividência, a visão que vai além dos olhos.

"Viu" o cardume que passava.

Ou a psicocinesia, a capacidade de atuar mentalmente sobre a matéria.

Atraiu os peixes.

***

Este episódio, denominado *pesca maravilhosa*, tem precioso significado simbólico.

A expressão "jogar a rede" significa estender a iniciativa, buscar alguma coisa, tentar uma realização.

Todos, no desdobramento de nossas atividades, jogamos redes de interesses, a procura de recursos materiais, ligações afetivas, prazeres, conforto, que atendam nossas necessidades físicas e espirituais.

Mas nem sempre “o mar está para peixe”. As pessoas tentam, mas não conseguem alcançar os seus objetivos. As redes voltam vazias, com frustrações e desilusões.

É que as lançam no momento errado, na noite escura da ilusão, dos interesses imediatistas, do materialismo, dos vícios...

Se queremos ser produtivos e alcançar êxito é preciso buscar as claridades do Evangelho, seguindo suas diretrizes para jogar a rede na hora certa, no lugar adequado.

Então recolheremos bênçãos em abundância.

***

Simão, assombrado com os poderes prodigiosos de Jesus, e bem reconhecendo suas próprias limitações, disse:

– *Afasta-te de mim, Senhor, porque sou um pecador.*

Mas o Mestre o tranqüilizou dizendo:

– *Não temas! De agora em diante serás pescador de homens.*

É bom ser um pescador de homens?

Afinal, quando retiramos um peixe da água simplesmente o estamos condenando à morte.

Simbolicamente é diferente.

Pescar homens, sob o ponto de vista evangélico, é retirá-los do imediatismo terrestre, da existência comprometida com os vícios e os interesses materiais.

É "matar" o homem perecível para fazer nascer o cristão, alguém empenhado no Bem e na Verdade, habilitado a trabalhar pela edificação do Reino de Deus.

***

Há um detalhe interessante na observação de Pedro:

Até então dirigia-se a Jesus dizendo *Mestre*.

Após a pesca prodigiosa, passa a chamá-lo *Senhor*.

A diferença é significativa.

Mestre é aquele que ensina.

Senhor é aquele que conduz.

Podemos aprender muito com um mestre, sem repercussão em nossa vida, já que dependerá de nós a iniciativa de colocar em prática suas lições.

Já o senhor é aquele a quem obedecemos, cumprindo suas orientações.

Há dois mil anos estamos aprendendo com Jesus.

É tempo de nos dispormos a servi-lo!

O PERDÃO DOS PECADOS

Mateus, 9:1-9
Marcos, 2:1-12
Lucas, 5:17-26

Após breve peregrinação, novamente em Cafarnaum, Jesus fazia uma de suas costumeiras reuniões em residência amiga.

Atendia pequena multidão: discípulos e curiosos, doentes e necessitados. Esparramavam-se pela casa, derramando-se lá fora. Contentavam-se em ouvi-lo aqueles que não podiam vê-lo.

Segundo Lucas, estavam presentes *fariseus e doutores da lei, vindos de todas as aldeias da Galiléia, da Judéia e de Jerusalém.*

Eram pessoas importantes. Desejavam conhecer aquele galileu capaz de operar prodígios, afastar Espíritos impuros e curar males do corpo e da alma.

Sua palavra, como sempre, era um cântico de esperança e conforto, presente do Céu à Terra, acalmando as inquietações humanas.

***

Enquanto Jesus falava, chegaram quatro homens carregando um paralítico em improvisado leito, uma espécie de padiola.

O doente buscava um contato com o famoso rabi, empolgado pela esperança de cura para seu mal.

Surgiu um problema:

Como atravessar a compacta multidão? Era tanta gente que dificilmente haveria tempo para ser atendido naquele dia...

E se o rabi partisse? Estava sempre em andanças...

Todavia, seus companheiros eram homens decididos. Não deixariam passar a oportunidade.

Após examinarem a casa, conceberam a ousada ação.

Carregando o enfermo, subiram a escada externa e foram ter em amplo terraço, no topo da casa, como era comum nas construções da antiga Palestina. A cobertura tinha telhas chatas de barro cozido, assentadas sobre armações de madeira. Serviam de proteção e piso.

Sem vacilar, os quatro homens tiraram algumas telhas e, por entre as largas traves, introduziram o paralítico deitado na maca.

Podemos imaginar o impacto produzido na assembléia.

A incrível visão daquele homem que descia do teto, sustentado por cordas!

***

Muitos terão ficado indignados com aquela atrevida invasão.

A reação de Jesus foi diferente.

Certamente encantou-se com o ânimo decidido do

grupo e a fé daquele homem que não media sacrifícios para postar-se diante dele.

Dirigindo-se ao paralítico, disse-lhe:

– Filho! Perdoados são os teus pecados!

Escribas e fariseus ficaram indignados.

Quem era aquele galileu para falar assim!

Até então o consideravam um visionário procurado por multidões ingênuas que o julgavam detentor de poderes mágicos...

Agora era diferente.

Ele estava interferindo no "sistema".

Somente Deus podia perdoar!

Semelhante concessão envolvia cerimônias e sacrifícios reservados à iniciativa das autoridades religiosas e implicava em simonia, o comércio do sagrado, a cobrança pelos favores do Céu.

Muito atrevida a iniciativa daquele homem, arvorando-se em porta-voz do perdão divino, já que não era sacerdote, nem arrecadava para o templo.

Mas Jesus, que lia os pensamentos mais recônditos de seus adversários, antecipou-se a qualquer comentário:

– Por que pensais estas coisas em vossos corações? O que é mais fácil dizer: teus pecados são perdoados, ou dizer: levanta-te, e anda?

Certíssimo!

É muito mais fácil consolar o enfermo do que curá-lo.

Jesus completou:

– Pois bem! para que todos saibam que o filho do Homem tem sobre a Terra o poder de perdoar os pecados, eu digo a este paralítico: levanta-te, toma o teu leito e vai para tua casa.

Ante a surpresa dos presentes, o homem agitou-se.

Prodigiosas energias derramaram-se sobre ele, despertaram membros adormecidos, restauraram nervos e músculos atrofiados...

Radiante, ergueu-se, apanhou o leito e atravessou a multidão, lépido como se jamais estivera preso ao leito. Cumprindo a determinação do Mestre, retornou ao lar.

O evangelista termina a narrativa comentando o assombro da multidão:

... de sorte que todos se admiraram e glorificaram a Deus, dizendo:

– Nunca vimos tal coisa!

***

Este episódio, que marcaria o início das reações e hostilidades do judaísmo dominante à ação de Jesus, suscita interessante questão:

Deus perdoa nossos pecados?

Certamente, não!

Não se escandalize, leitor amigo. Não estou cometendo nenhuma heresia, nem duvidando da bondade divina.

É que me parece ousadia imaginar que possamos ofender a Deus.

Jamais o relativo atingirá o absoluto.

Jamais a criatura conseguirá injuriar o Criador.

Mal comparando, imaginemos uma formiguinha a nos insultar.

Pobre inseto! Não tem consciência de sua insignificância!

Um abismo infinitamente maior nos separa da gradeza imensurável de Deus.

Por isso Deus não perdoa.

Não há o que perdoar.

Quando nos envolvemos com o mal simplesmente cometemos uma agressão contra nós mesmos.

Deus é o Bem Absoluto.

Conseqüentemente, se fomos criados à sua imagem e semelhança, conforme o ensinamento bíblico, estamos programados para a bondade.

O mal exprime uma negação de nossa própria natureza.

Quando o praticamos é como se batêssemos em nós mesmos, como se mordêssemos a própria carne.

Deus não ficará aborrecido, nem se afastará de nós.

Mas fatalmente sofreremos sanções da própria consciência, por termos contrariado nossa filiação divina.

***

Às portas das penitenciárias há sempre mães a visitar os filhos que cumprem pena. Eles estão ali em face de delitos cometidos, graves não raro, envolvendo seqüestro, estupro, assassinato...

Embora estejam expostos à execração pública, elas não deixam de amá-los. Preocupam-se com eles. Torcem para que aprendam a lição e mudem de vida.

Para os homens são facínoras que merecem todos os castigos.

Suas mães enxergam melhor: são meninos de cabeça dura que se perderam nos caminhos da Vida.

Precisam de ajuda.

Desvelam-se em carinhos e cuidados, desejam o melhor para eles, embora tenham consciência de que estão colhendo os frutos de seus desatinos.

O mesmo acontece com Deus.

É o nosso Pai.

Não nos desampara, mesmo quando nos transviamos, contrariando suas orientações.

A dor que advém de nossas defecções, a manifestar-se em enfermidades e desequilíbrios, representa apenas a resposta de nossa própria natureza, que é boa, ao mau comportamento.

Tem dupla função:

• purgar nossas faltas, fazendo-nos enfrentar situações e dores semelhantes àquelas que impusemos ao próximo.

• corrigir nossos impulsos, ensinando o que não devemos fazer.

Aprendemos à custa de nossos próprios erros, recebendo de volta o mal que praticamos para aprendermos a distinguir entre o certo e o errado, o lícito e o ilícito.

É um mecanismo vinculado a princípios de causalidade, o carma da filosofia hindu, ou a Lei de Causa e Efeito, da filosofia espírita, sustentando a justiça inflexível que funciona nos refolhos da consciência.

***

Ao dizer ao homem paralítico que seus pecados estavam perdoados, Jesus estabelece clara relação de causa e efeito entre a paralisia e pretérito comprometimento com o mal.

Alguém poderá questionar:

Se ele estava pagando por suas faltas, por que Jesus curou?

É que o carma fora cumprido.

A própria fé que o movia era fruto, certamente, de recôndito e indefinível sentimento de que se esgotara o cálice das amarguras, habilitando-o a ser beneficiado.

O perdão a que se referia Jesus, não seria, portanto, de Deus, **jamais injuriado por nós**.

Era o perdão de sua consciência.

A CONVERSÃO DE MATEUS

Mateus, 9:9-13
Marcos, 2:14-17
Lucas, 5:27-32

O nome *publicano* identificava os cobradores de impostos, ao tempo de Jesus.

Não eram propriamente funcionários públicos, mas contratantes das rendas públicas. Pagavam ao Estado determinada importância em bases de estimativa sobre a arrecadação. O que passasse disso representava o seu lucro. Tributos variados eram cobrados, destacando-se sobre serviços do comércio, caravanas, alfândega, pescados...

Como as taxas não eram fixas, variando de acordo com as regiões, os publicanos tratavam de elevá-las ao máximo possível, a fim de auferirem maior lucro. Contavam com a conivência das autoridades romanas, que costumeiramente deixavam-se subornar.

Como se vê, nada diferente do que ocorre hoje.

A corrupção é um fenômeno universal, presente em todas as culturas e épocas, não obstante o empenho dos governos em coibi-la com fiscalizações e punições.

É o triunfo do egoísmo sobre a probidade.

Assim será até que o Homem disponha-se a cultivar a honestidade, não por imposição legal, mas por orientação moral.

O mais eficiente de todos os controles, o fiscal incorruptível, é a própria consciência.

***

Os romanos não se envolviam com a cobrança de impostos.

Contratavam agentes arrecadadores junto à população local, nos países dominados.

Por isso os publicanos eram execrados pela população. Considerados ladrões, eram também traidores que serviam o invasor, explorando a bolsa do povo para enriquecer os cofres de Roma.

Não era recomendável tê-los por amigos.

Apesar da má fama, havia homens de bem entre os publicanos. Exercitavam a honestidade e não exploravam os contribuintes.

Seria entre eles que Jesus encontraria o mais culto dos apóstolos e futuro evangelista: Mateus, também chamado Levi, filho de Alfeu, que exercia seu cargo em Cafarnaum.

A maneira como Jesus o convocou para o apostolado é típica de seu encontro com aqueles que, desde o plano espiritual, haviam sido escolhidos para as tarefas do Evangelho.

Ao sair da casa onde curara o paralítico, sempre acompanhado pela multidão, Jesus dirigiu-se às proximidades do lago de Genesaré.

No caminho encontrou Mateus na coletoria,

provavelmente uma tenda à margem do caminho, onde realizava seu trabalho.

Disse-lhe simplesmente:

– *Segue-me.*

Mateus já o conhecia, visto ser impossível ignorar a presença na cidade daquele profeta de poderes incomparáveis, palavra vibrante e inesquecível. Certamente ficara sensibilizado com suas pregações e prodígios.

Por isso, sem vacilar, acompanhou Jesus.

O episódio ilustra a posição de missionários que vêm à Terra com tarefas definidas na seara do Bem.

No tempo oportuno é feita a convocação, atendendo a circunstâncias aparentemente fortuitas, mobilizadas por poderosas forças espirituais. E desde os primeiros contatos com o setor de atividade em que deverão atuar, não questionam, não vacilam, não temem.

Arregaçam as mangas e põem-se a servir.

***

Mateus ficou muito feliz e resolveu dar uma festa em homenagem a Jesus, que compareceu em companhia de discípulos e simpatizantes. Outros publicanos, colegas de Mateus, também se fizeram presentes.

Os fariseus, já empenhados numa difamação que se tornaria sistemática, dirigiram-se aos seus discípulos, provavelmente na entrada da residência de Mateus, indagando:

– Por que ele come com publicanos e pecadores?

Com a expressão *pecadores* definiam os gentios, não ligados ao judaísmo, e judeus que não observavam a tradição, convivendo, por exemplo, com os publicanos. Filhos da raça que se prezavam não freqüentavam a casa dos execrados cobradores de impostos.

Para os fariseus eram todos, como se diria hoje, "farinha do mesmo saco". Não mereciam consideração.

Tentavam, portanto, comprometer Jesus, propalando que ele andava na companhia de gente de má fama.

Jesus ouviu e, antes que os discípulos esboçassem qualquer reação, disse, magistralmente, aproveitando as circunstâncias, como faria sempre, para enunciar uma lição inesquecível:

– Os sãos não precisam de médico, mas, sim, os enfermos. Ide aprender o que significam as palavras "misericórdia quero e não sacrifício", pois não vim para chamar os justos e sim os pecadores.

***

No século terceiro da era cristã, um religioso persa, Maniqueu, desenvolveu uma doutrina religiosa que ficaria conhecida como maniqueísmo.

Partia do princípio de que há um dualismo no Universo, duas forças inconciliáveis que se contrapõem – o Bem e o mal, o Espírito e a matéria, Deus e o diabo, o certo e o errado, o virtuoso e o vicioso...

Como religião o maniqueísmo há muito desapareceu, mas como idéia continua presente nas sociedades, nos sistemas políticos, nas religiões, no comportamento humano.

Para o cristão medieval os árabes eram representantes do demônio; os árabes pensavam o mesmo dos cristãos.

O sistema capitalista vê o comunismo como agente do mal. O mesmo pensam os comunistas do capitalismo.

Até em esportes populares, como o futebol, vemos o maniqueísmo envolvendo preferências clubísticas.

Corintiano é pé-de-chinelo para os torcedores do São Paulo. Estes, por sua vez, são considerados "almofadinhas" pelos adeptos do Coríntians. Levado esse maniqueísmo a extremos, ocorrem brigas e agressões lamentáveis envolvendo as torcidas.

Tudo isso sustenta a discriminação que impede a aproximação entre as pessoas, gerando sérios problemas para indivíduos e coletividades.

***

Jesus ensinava diferente.

Só há uma força absoluta no Universo – Deus.

O demônio, consagrado no maniqueísmo como força a se contrapor ao Criador, é apenas um filho transviado, que mais cedo ou mais tarde voltará à casa paterna, como lembra a notável parábola do filho pródigo.

Quando Jesus diz que os sãos não precisam de médico, deixa claro que se discordamos daqueles que não têm a mesma religião, a mesma concepção política, a mesma preferência esportiva, a mesma posição social, o mesmo comportamento, não será hostilizando-os que iremos melhorar nosso relacionamento.

Sem discriminação fica mais fácil nos aproximarmos das pessoas, até mesmo daquelas que se envolveram num comportamento irregular, ajudando-as a modificarem suas disposições.

E como devemos agir nessas circunstâncias?

Jesus, magistralmente, nos ensina ao citar o profeta Oséias (6:6), definindo o que Deus espera de nós:

– Misericórdia quero, e não sacrifício.

Desde tempos imemoriais, os judeus reverenciavam a divindade com o sacrifício de animais, bois, ovelhas, bodes, pombas, passarinhos...

Exercitavam também sacrifícios pessoais, envolvendo jejuns, privações, autoflagelações...

Nada disso é preciso.

Deus espera apenas que nos compadeçamos das misérias alheias.

Cultivar a misericórdia é empenhar-se em compreender, respeitar e ajudar o próximo, sem jamais discriminá-lo.

Nela está a base da autêntica religiosidade.

Nos templos apenas reverenciamos a divindade.

É exercitando a misericórdia que nos aproximamos de Deus.

Tomemos o "sacrifício" por "dor" e perceberemos que as próprias sanções da lei de causa e efeito, que nos cobra o mal praticado, podem ser amenizadas pela misericórdia.

Todo bem praticado em benefício do semelhante é crédito em nosso favor, na contabilidade divina, reduzindo nossos débitos.

***

O homem compra um televisor.

Não consegue sintonizar nenhum canal.

Esqueceu a antena.

Algo semelhante ocorre na atividade religiosa.

As pessoas buscam o contato com a Espiritualidade em favor de sua felicidade. Muitos freqüentam assiduamente o culto sem colher os benefícios desejados – cura para seus males, solução para seus problemas, esperança para seus dias, paz para seus corações.

Esqueceram antenas muito especiais:

As mãos a se movimentarem em favor do semelhante, na sintonia da misericórdia.

O PANO E O VINHO

Mateus, 9:14-17
Marcos, 2:18-22
Lucas, 5:33-39

O jejum, a abstenção de alimentos, em determinados dias, fazia parte das práticas religiosas judaicas.

Segundo alguns exegetas, era uma forma de expiar os pecados individuais e coletivos. Devia ser exercitado com sentimentos de contrição.

Os fariseus, que jejuavam duas vezes por semana, costumavam apresentar ar de sofrimento, mais por imperativos da conveniência do que avaliações da consciência ou reclamações do estômago.

Jesus não jejuava, nem seus discípulos.

O jejum que lhe interessava era a abstenção de maus sentimentos, o que, associado à oração, daria condições até mesmo para neutralizar a ação dos Espíritos obsessores mais endurecidos.

Não se dando por satisfeitos ao ouvirem o sábio comentário de Jesus, que contestou suas fofocas, os impertinentes guardiães do judaísmo ortodoxo evocaram a questão do jejum:

– *Os discípulos de João (*Batista*) jejuam freqüentemente e fazem orações, assim como os dos fariseus: mas os teus comem e bebem.*

Era mais um "gancho" para os fariseus "pegarem no pé", procurando evidenciar que aqueles galileus atrevidos não observavam as tradições.

O Mestre reagiu com tranqüilidade à provocação:

– *Podem acaso estar tristes os convidados para o casamento, enquanto o noivo está com eles? Dias virão, contudo, em que lhes será tirado o noivo e nesses dias hão de jejuar.*

Costuma-se apresentar Jesus como um homem triste, torturado, a suportar o peso das iniqüidades humanas. Por isso consagrou-se o crucifixo como o símbolo do Cristianismo. É assim que tem sido representado nas igrejas – pregado na cruz.

Nada mais distanciado da realidade. O otimismo e a alegria são características do Espírito superior. Evangelho significa "Boa Nova", a existência de um Pai de infinito amor que trabalha incessantemente pela felicidade de seus filhos. Jamais, portanto, o aprendiz esclarecido será acabrunhado, triste, amargurado...

A resposta de Jesus ao comentário maledicente dos fariseus foi bem-humorada, como ocorreria inúmeras vezes.

O noivo era a figura principal do casamento judaico, inclusive o patrocinador da festa, numa sociedade em que a mulher estava relegada a plano secundário.

Jesus situa-se como o noivo, que simbolicamente vinha para a divina celebração do Amor.

Era tempo de alegria, ***o ano aceitável do Senhor.***

Nada de jejuns! Que todos festejassem a bênção da existência, a alegria de viver!

***

Como sempre acontecia, Jesus, aproveitou o ensejo para enunciar precioso ensinamento:

– *Ninguém põe remendo de pano novo em vestido velho, porque o remendo tira parte do vestido e fica maior o buraco. Nem se põe vinho novo em odres velhos, pois rompem-se os odres e derrama-se o vinho. Mas põe-se vinho novo em odres novos e ambos se conservam.*

Se remendarmos um traje velho com tecido novo ele não resistirá ao encolhimento do pano enxertado. O buraco ficará maior.

E há a figura do odre, um saco feito de pele de animais para transporte de líquidos. O vinho novo tende a expandir-se, promovendo seu rompimento quando velho e desgastado.

Jesus reporta-se a um problema bem atual:

A resistência às inovações, qual pano esgarçado que não suporta o remendo novo, ou odre desgastado que se rompe ao receber vinho de produção recente.

***

O ensinamento aplica-se particularmente às religiões.

Tendem a envelhecer, à medida que se prendem ao formalismo, a dogmas inamovíveis que impedem a renovação, fechando-se em si mesmas.

Com isso perdem a liderança, substituídas por princípios novos, não comprometidos com o passado.

A mensagem de Jesus poderia ser um desdobramento dos princípios mosaicos, soprando sobre eles um hausto de renovação.

Ocorre que o judaísmo estava comprometido com tradições e aspectos exteriores.

Impossível aceitar as idéias daquele nazareno. Admitir que toda a religião está contida no "*amai-vos uns aos outros*" e que Deus deve ser cultuado não em rituais e rezas, mas na intimidade da consciência.

Não dava para costurar o Evangelho no Velho Testamento.

Não havia espaço para sua expansão nos odres arcaicos da cultura mosaica.

***

Assim como aconteceu com o Evangelho, o Espiritismo poderia ser um desdobramento das religiões ortodoxas, iluminando-as com conceitos novos, mais claros e objetivos.

Mas a história se repete.

O Espiritismo rompe tão decisivamente com

fantasias, ritos e rezas que se incrustaram na prática religiosa, que não há lugar para seus princípios nos templos e igrejas.

Certas concepções espíritas podem parecer chocantes para as pessoas aferradas às práticas exteriores.

Não há, por exemplo, nos círculos espiritistas o casamento religioso, cerimônia oficiada por sacerdote.

Para muitos isso é inconcebível. Não vai longe o tempo em que se julgava que sem a bênção nupcial não havia legitimidade na união. Pessoas que adotavam apenas o casamento civil viviam em pecado, num "escandaloso" concubinato.

A finalidade do culto, ensina a Doutrina Espírita, é a nossa comunhão com Deus.

Trata-se de algo que devemos buscar sem intermediação com ritos e rezas, ofícios e oficiantes, a partir da elevação de nosso sentimento. Não há, portanto, por que eleger alguém para evocar as bênçãos de Deus.

Os próprios noivos devem fazê-lo no círculo íntimo, habilitando-se a recebê-las com um comportamento evangelizado, a se exprimir em respeito mútuo, compreensão, tolerância e demais valores que sustentam o amor e permitem uma convivência feliz.

Por isso, há algo bem mais importante que o casamento religioso.

A religiosidade no casamento.

***

O mesmo ocorre com relação ao batismo.

Mera fantasia teológica, é verdadeira história da carochinha o pecado original cometido por Adão e Eva, do qual seríamos, supostamente, herdeiros compulsórios.

O pecado que nos macula **é o mal que há em nós**, o comprometimento com o vício, as tendências inferiores.

Só um tipo de batismo funciona contra ele.

O batismo de fogo, a que se refere Jesus, a forja das lutas renovadoras, o empenho pela prática do Bem, no processo de nossa redenção.

Para o crente tradicional, a criança não batizada inspira assombro.

– É um pagão! Está condenado ao limbo!

A evolução do pensamento humano, o amadurecimento intelectual do homem, põem em cheque essas concepções medievais, promovendo o afastamento dos religiosos, o esvaziamento das igrejas.

***

O que ressalta na lição evangélica é a necessidade de nunca permitirmos que se cristalizem nossas idéias em torno da tradição, caindo no acomodamento e no formalismo.

Usando uma expressão atual, é imperioso que nos reciclemos sempre, receptivos às mudanças, com o empenho permanente de aprender, de buscar novos conhecimentos, de desenvolver nossas potencialidades.

É assim que crescemos.

É assim que não ficamos presos à retaguarda.

É assim que não entramos em ritmo de marca-passo espiritual.

Se permitirmos semelhante estagnação, nada mais teremos a fazer na Terra. Restará esperar que venha a morte, a nos impor compulsória renovação, marcada por indesejáveis surpresas e inevitáveis sofrimentos.

AS CONVENÇÕES HUMANAS

Mateus, 12:1-8
Marcos, 2:23-28
Lucas, 6:1-5

A patroa tentava acertar o descanso semanal da serviçal.

– Quero no sábado.

– Terá folga no domingo, conforme o costume.

– Não vai dar.

– Por quê?

– Sou sabatista.

– Não entendi…

– Está na Bíblia. O dia consagrado ao Senhor é o sábado.

A serviçal mostrou-se irredutível. Sem acordo, desistiu do emprego.

Inúmeras donas de casa vêem-se às voltas com esse problema.

Algumas das múltiplas facções em que se dividiu a reforma protestante promovida por Lutero encasquetaram que devem observar a orientação bíblica, guardando o descanso no sábado.

Geram sérios embaraços para seus profitentes, porquanto desde a Idade Média a cultura ocidental consagrou o domingo, celebrando a ressurreição de Jesus.

O sabatista pretende reviver uma orientação arcaica, superada, que não condiz com a atualidade. Sua intransigência é um atestado eloqüente dos problemas que o fanatismo ocasiona ao observar literalmente textos religiosos que dizem respeito a outros tempos, outros costumes, sem sabor de perenidade.

***

Foi registrado por Moisés, na Tábua da Lei, terceiro mandamento:

Lembra-te do dia de sábado, para o santificar.
Seis dias trabalharás, e farás toda a tua obra.
Mas o sétimo dia é o sábado do Senhor teu Deus; não farás nenhum trabalho, nem tu, nem teu filho, nem tua filha, nem o teu servo, nem a tua serva, nem o teu animal, nem o forasteiro das tuas portas para dentro; porque em seis dias fez o Senhor os céus e a Terra, o mar e tudo o que neles há, e ao sétimo dia descansou; por isso, o Senhor abençoou o dia de sábado e o santificou.

Segundo a alegoria bíblica Deus, como diligente construtor, trabalhou duro e edificou o Universo, incluindo a Terra e os seres vivos, em **seis** dias.

A Ciência nos diz que gastou um "pouquinho" mais: perto de **cinco trilhões e quinhentos bilhões**...

E não há como contestar fatos científicos e cálculos astronômicos, envolvendo a formação do Universo há aproximadamente quinze bilhões de anos; da Terra há quatro bilhões e meio; o aparecimento do homem há cerca de um milhão de anos.

Mas, voltemos à Bíblia.

Concluído o árduo labor, o Senhor, como se fora um ser humano, sentiu necessidade de repouso.

Descansou no sétimo dia.

Não se sabe o que fez a partir do oitavo.

Dizem as más línguas que continua descansando, porquanto não se entendem os homens e a confusão reina na Terra.

***

Quando Moisés impôs a orientação para o sábado, praticamente instituiu a primeira legislação trabalhista, atendendo a justa necessidade de descanso para o servo, o animal, o escravo...

Ocorre que, como fazia habitualmente, proclamou tratar-se de ordem divina. Jeová o determinava.

As penalidades eram absurdamente severas.

Como está em *Números,* um dos livros sagrados do judaísmo, no capítulo 15, um homem foi surpreendido a amontoar lenha no sábado.

Imediatamente foi levado à presença de Moisés.

Registram os versículos 35 e 36:

Então disse o Senhor a Moisés:

– Tal homem será morto. Toda a congregação o apedrejará fora do acampamento.

Portanto, toda a congregação o levou para fora do acampamento, e o apedrejaram até que morreu, como o Senhor ordenara a Moisés.

Pobre Jeová! Tinha costas largas...

***

Ao tempo de Jesus, que viveu perto de mil, duzentos e cinqüenta anos depois, vemos essa orientação levada a extremos.

No dia consagrado ao Senhor era proibido desatar um nó, acender o fogo, levar um objeto para fora de casa, fazer mudança, viajar...

Sair de casa, somente para ir à sinagoga.

A vida ficava complicada.

Era preciso cuidado para não se fazer nada que pudesse ser caracterizado como uma violação.

Alguns judeus radicais evitavam até a satisfação de necessidades fisiológicas para não macular o sábado com seus excrementos. Herético desarranjo intestinal seria um desastre...

Para Jesus estas disciplinas não passavam de tolices sustentadas pelo fanatismo.

Em pleno sábado visitava, curava, ajudava, orientava, viajava...

***

Não tardaram os problemas com o judaísmo dominante.

Logo após a controvérsia por causa do jejum, Jesus passava pelas searas com os discípulos. Estes, famintos, colhiam espigas que debulhavam e comiam. Provavelmente era trigo.

Os fariseus se escandalizaram, não porque estivessem invadindo propriedade alheia. Segundo a orientação mosaica, os viajantes podiam fazê-lo, desde que apenas para saciar a fome, sem levar nada (Deuteronômio, capítulo 23).

Sua indignação dizia respeito ao dia.

Era sábado!

Aqueles galileus atrevidos estavam exercitando uma atividade proibida no dia consagrado ao Senhor!

Pacientemente, reafirmando seu invejável conhecimento das escrituras, Jesus explicou:

Nunca lestes o que fez David quando teve fome, ele e os que com ele estavam? Como entrou na casa de Deus, tomou e comeu os pães da proposição, que somente aos sacerdotes era lícito comer, e os deu também aos que estavam com ele?

Na liturgia judaica, pães da proposição eram consagrados ao Senhor, de uso reservado aos sacerdotes. Numa circunstância especial, David e seus companheiros alimentaram-se deles.

Se David, apenas um candidato a rei, empenhado em estabelecer um novo reino em Israel, colocara-se acima daquela prescrição, por que Jesus, que vinha instituir algo muito mais importante, um reino divino, não poderia sobrepor-se ao sábado?

E acentuou, escandalizando seus opositores:

– O sábado foi feito para o homem e não o homem para o sábado.

Argumento incontestável.

O sábado viera para melhorar a vida, não para complicá-la.

Excelente existir uma legislação trabalhista que fixa o descanso semanal ou um princípio religioso que consagra determinado dia para o culto.

Mas, se nesse dia estamos absolutamente proibidos de tomar iniciativas; se nos é vedado decidir se queremos ou não arrumar a cama, limpar a casa, preparar uma refeição, cortar as unhas, efetuar um passeio ou ir ao cinema, então é melhor dispensar esse suposto benefício que nos oprime, cerceando nossa liberdade.

Espantoso que após dois mil anos de Cristianismo tenhamos seitas cristãs pretendendo observar princípios mosaicos revogados por Jesus, complicando a vida de seus profitentes.

Praza aos Céus não decidam levar às últimas conseqüências semelhante orientação. Seremos todos apedrejados!

***

Como todos os fanáticos, os fariseus mostravam-se impermeáveis às ponderações de Jesus nas controvérsias que levantavam. O dia consagrado ao Senhor seria motivo de novas investidas, em outras oportunidades.

No sábado seguinte Jesus foi à sinagoga.

Ali estava um homem com a mão direita *ressequida.*

A expressão, consagrada em quase todas as traduções da Bíblia, não exprime com fidelidade sua condição. Só se justificaria se houvesse a obstrução das artérias e cessasse a circulação sangüínea. Seria impossível conviver com esse problema. A mão logo gangrenaria, colocando sua vida em risco.

Provavelmente sofria uma atrofia muscular.

Segundo textos apócrifos, tratava-se de um pedreiro que teria implorado a Jesus o curasse, a fim de que pudesse retomar o exercício de sua profissão.

Os fariseus, vendo que Jesus dispunha-se a ajudá-lo, intentaram, como se tornara hábito, comprometê-lo.

– *É lícito curar no sábado?*

Ao que respondeu Jesus:

– *Qual dentre vós será o homem que tendo uma ovelha e, num sábado esta cair numa cova, deixará de esforçar-se por tirá-la dali? Ora, um homem vale muito mais do que uma ovelha. Logo, é lícito fazer o Bem no sábado.*

O raciocínio de Jesus, como sempre, foi irretocável. Não havia o que contestar.

Calaram-se os fariseus e ele disse ao doente:

– *Estende a mão.*

O homem obedeceu e no mesmo instante sua mão ficou sã.

Jesus partiu, sempre acompanhado de seus discípulos e pela multidão.

Comenta o evangelista Marcos:

Tendo saído, os fariseus tomaram logo conselho com os herodianos contra ele, procurando ver como o matariam.

Vê-se que já nesses primeiros contatos com Jesus, os fariseus reagiam aos seus ensinamentos, não se conformando com aquele pretensioso galileu que ousava contestar as tradições do judaísmo. E articulavam com os membros de um partido político que apoiava Herodes Ântipas o movimento que culminaria com sua morte.

***

A controvérsia do sábado lembra as convenções humanas.

São úteis mas, se levadas a extremos de intransigência, deixam de servir o homem e passam a escravizá-lo.

Todo estabelecimento comercial tem horário, obedecendo a uma regulamentação do Estado. Os bancos, por exemplo, encerram suas atividades para o público geralmente às dezesseis horas. Em expediente interno completam o processamento dos papéis.

Um cliente chega com dois minutos de atraso para pagar determinado imposto. No dia seguinte haverá multa. Entretanto, não o deixam entrar, sob alegação de que é preciso obedecer ao horário.

Seria mais fácil e simpático abrir uma exceção, sem prender-se à rigidez do regulamento. É o que se chama de flexibilidade ou, popularmente, *jogo de cintura.*

Um rapaz budista concordou em casar-se em igreja católica, atendendo às convicções religiosas da noiva.

O sacerdote exigiu que os noivos participassem de um curso preparatório e se submetessem a determinados sacramentos.

Trata-se de uma convenção aceitável e útil para os profitentes católicos. Mas para o adepto de outra religião deveria estar contida nos limites da opção, em saudável exercício de fraternidade. Se levada ao pé da letra, com intransigência nada fraterna, gera um impasse.

O noivo procurou inúmeros sacerdotes, até encontrar um mais esclarecido que o dispensou daquelas preliminares.

***

Durante décadas, em nosso século, a civilização ocidental adotou para os homens a convenção dos cabelos curtos, barba raspada.

Quando os jovens resolveram deixar crescer os cabelos e a barba, levantaram-se vozes intransigentes, chamando-os de marginais e desordeiros.

Os pais ficavam possessos quando os filhos adotavam a nova moda.

Por quê?

Não há nenhuma lei que obrigue as pessoas a aparar os cabelos e raspar a barba.

Alguém prefere o contrário? – problema dele.

Ficamos incomodados? – problema nosso.

Algo curioso aconteceu:

Para muitos jovens o cabelo comprido e a barba também se transformaram em convenções. E se alguns preferiam o contrário, eram taxados de tolos "filhinhos do papai".

Em defesa da liberdade de não se submeterem à convenção dos cabelos aparados sem barba, tornavam-se escravos dos cabelos compridos com barba.

As convenções são úteis, mas devemos encará-las com espírito aberto, sem condicionamentos.

Caso contrário, em determinadas circunstâncias, perderemos a iniciativa e seremos dominados por elas, esquecendo que foram feitas para servir o Homem e não para oprimi-lo.

AS BASES DO REINO

Mateus, 5:1-10; 10:1-4
Marcos, 3:7-19
Lucas, 6:12-26

Após o entrevero com os fariseus, o Mestre retirou-se com seus discípulos para junto do lago de Genesaré, cujas margens aprazíveis ofereciam amplos espaços para acolher a multidão que o seguia.

Vinham doentes e curiosos da Judéia, de Jerusalém, da Iduméia, de Além Jordão, das vizinhanças de Tiro e Sidon...

***

Cada vez mais Jesus procurava o contato com a Natureza para atender à multidão, que já não podia ser acomodada no espaço restrito das sinagogas, e evitar controvérsias com os adversários gratuitos, que pretendiam impor-lhe embaraços.

Continuava com suas andanças.

Perto de um ano se passara desde a viagem a Jerusalém, quando conversara com Nicodemos e o surpreendera com a notícia de que é preciso renascer para alcançar o Reino de Deus.

***

Dois acontecimentos marcantes sucederam-se.

O primeiro foi a nomeação do grupo apostólico, envolvendo em sua quase totalidade filhos da Galiléia que vinham participando de seus trabalhos e viagens.

Jesus tinha perfeita consciência de que poderosos cujos interesses ele contrariava, não tardariam a conspirar para que sua voz silenciasse e suas mãos deixassem de distribuir bênçãos.

Oito séculos antes Isaías destacara, em impressionante profecia, que o enviado celeste pereceria sob agressões e humilhações. Como um cordeiro, seria levado ao sacrifício, vítima das maldades humanas.

Era preciso, portanto, definir os herdeiros iniciais daquele patrimônio de bênçãos, continuadores de sua obra, divulgadores de sua doutrina – os *apóstolos.*

Eles cumpririam também uma previsão de Isaías, segundo a qual, desde o momento em que o enviado oferecesse a vida em holocausto veria nascer uma posteridade e os interesses de Deus haveriam de prosperar em suas mãos.

Informa Lucas:

Naqueles dias subiu ao monte a fim de orar, e passou a noite em oração a Deus.

Quando já era dia, chamou a si os discípulos, e escolheu doze dentre eles, a quem também deu o nome de apóstolos.

Simão, a quem chamou Pedro, André, seu irmão; Tiago e João; Filipe e Bartolomeu; Mateus e Tomé; Tiago, filho de Alfeu, e Simão, chamado Zelote; Judas, filho de Tiago, e Judas Iscariotes, que foi o traidor.

Aqueles homens humildes, incultos, obscuros pescadores em sua maioria, eram na verdade Espíritos superiores que secundavam Jesus em sua missão.

À exceção de Judas Iscariotes, que se deixou envolver por perniciosas influências espirituais e por uma visão equivocada dos objetivos do Evangelho, os demais seriam heróis do Cristianismo nascente.

Superando as limitações de seu tempo e do ambiente em que nasceram, ergueriam bem alto o nome de Jesus e dariam a própria vida pela causa evangélica.

***

O segundo acontecimento envolveria seus ensinamentos, num dos momentos mais luminosos da epopéia cristã.

Consolidada sua fama de taumaturgo, nomeados os apóstolos, preparado o caminho, era tempo de Jesus sintetizar sua mensagem, oferecendo aos homens, com a poesia do sublime e a profundidade da verdade, a orientação suprema para uma existência produtiva e feliz.

Em pleno cenário da Natureza, do alto de pequena elevação do terreno, na encosta de um monte o mestre dirigiu-se não apenas à multidão presente, mas a toda a Humanidade de todos os séculos vindouros:

Bem-aventurados os humildes, porque deles é o reino dos céus...

Bem-aventurados os que choram, porque serão consolados...

Bem-aventurados os mansos, porque herdarão a Terra...

Bem-aventurados os que têm fome e sede de justiça, porque serão saciados...

Bem-aventurados os misericordiosos, porque alcançarão misericórdia...

Bem-aventurados os que têm limpo o coração, porque verão a Deus...

Bem-aventurados os pacificadores, porque serão chamados filhos de Deus...

Bem-aventurados os que sofrem perseguição por amor à justiça, porque deles é o reino dos céus.

Era o início do *Sermão da Montanha,* a mais bela e sublime orientação jamais oferecida aos homens.

Diz Torres Pastorino, o grande exegeta do Evangelho, que todo cristão deveria lê-lo diariamente **de joelhos,** tal a reverência, o respeito que devemos ter por esse código maravilhoso, caminho luminoso das mais sagradas realizações da alma humana.

As bem-aventuranças estão impregnadas de divino magnetismo.

Ao longo dos séculos multidões aflitas e sofredoras encontram consolo e estímulo em suas expressões sublimes.

É preciso haver perdido toda a fé e a sensibilidade para permanecer indiferente, sem render-se à emoção de que estão impregnados esses doces "recados de Deus".

***

O desdobramento do sermão é o "trocar em miúdos" esses princípios sagrados.

Diga-se de passagem que *O Evangelho Segundo o Espiritismo,* uma das obras básicas do Espiritismo, o livro espírita mais traduzido, publicado e vendido, enfoca amplamente *O Sermão,* privilegiando o conteúdo moral do Evangelho.

Como escritor, considero uma dádiva do Céu a oportunidade de escrever dois livros sobre o discurso de Jesus.

A Voz do Monte, da FEB, com comentários voltados para nosso dia-a-dia, publicado pela Federação Espírita Brasileira.

O Céu ao Nosso Alcance, da CEAC-Editora, um livro de histórias que demonstram a distância entre as propostas de Jesus e o comportamento humano.

***

Imperioso reconhecer que as bem-aventuranças não são simples promessas ou meros enunciados introdutórios.

Temos nelas a indicação dos caminhos a serem trilhados, as condições a serem observadas para as realizações sagradas da alma.

Detalhe fundamental, amigo leitor:
Essas condições **não são excludentes**.
Não se bastam isoladamente, por si mesmas.
Imperioso observá-las **globalmente.**

Não adianta sofrer se não sou humilde.

Há os que derramam rios de lágrimas que não redimem, não aliviam e, não raro, complicam, porque inspiradas em desespero e revolta.

Não adianta ser humilde se não exercito a mansuetude.

Há os que se submetem aos desígnios divinos, admitindo a própria pequenez, mas agem de forma agressiva e impertinente.

Não adianta ser manso se não exerço a justiça.

Há indivíduos calmos e cordatos que tranqüilamente cultivam a desonestidade, lesando o próximo.

Não adianta ser justo se não cultivo a misericórdia.

Há os que não se comprometem com a desonestidade, mas jamais assumem compromissos com a solidariedade.

Não adianta ser misericordioso se não guardo a pureza.

Há os que socorrem as misérias da terra mas não se

furtam às misérias da própria alma, cultivando vícios e paixões.

Não adianta ser puro se não trabalho em favor da paz.

Há religiosos que se afastam do convívio social para não se contaminarem com as mazelas humanas, omitindo-se em relação às iniciativas que visam a pacificação da sociedade.

Não adianta ser pacificador se não enfrento as injustiças.

Há os que sonham com um mundo perfeito mas não estão dispostos a combater as imperfeições de nosso planeta.

Geralmente as pessoas não cogitam desses problemas, mergulhadas no imediatismo da vida terrestre, ocupadas unicamente com o próprio bem-estar.

Deveriam fazê-lo, porquanto, segundo a Doutrina Espírita, no terceiro milênio haverá grandes transformações.

A Terra deixará de ser um planeta de provas e expiações, moradia de Espíritos comprometidos com o egoísmo.

Será um mundo de regeneração, habitado por Espíritos conscientes de suas limitações, empenhados no Bem.

Os que não se enquadrarem serão constrangidos a desocupar a moradia terrestre, transferidos para mundos inferiores, quais alunos rebeldes conduzidos à escola correcional.

Pesa sobre nós essa perspectiva não muito animadora.

Mas podemos escapar se, com todas as forças de nossa alma, nos empenharmos em cumprir a terceira promessa.

Bem-aventurados os mansos, porque herdarão a Terra.

Se conquistarmos a mansuetude estaremos salvos do desterro e continuaremos o aprendizado por estas paragens.

Não é tarefa fácil.

Tão distanciados estamos dessa virtude evangélica que a palavra manso soa como uma depreciação, um xingamento, a definir que alguém é um *frouxo*, que corre sangue de barata em suas veias, um coitado!

Lamentável equívoco!

O indivíduo manso é apenas alguém que venceu a agressividade, filha dileta do egoísmo a inibir o exercício das demais virtudes ressaltadas nas bem-aventuranças.

São características do indivíduo agressivo, contrariando as disposições das bem-aventuranças:

- Revoltar-se diante da adversidade...
- Mostrar-se insensível...
- Desprezar a justiça...
- Ignorar a misericórdia...
- Comprometer-se com o erro...
- Promover a agitação...
- Cultivar a prepotência...

A conquista da mansuetude, habilitando-nos ao pleno exercício do Evangelho, pede o concurso dos milênios.

Por isso Jesus ensinou a Nicodemos que é preciso nascer de novo – nascer e morrer, renascer e remorrer, reencarnar e desencarnar, indefinidamente, até que vençamos a agressividade.

***

As bases estavam acertadas, o grupo estava formado, os fundamentos do Evangelho estavam lançados.

O trabalho agora seria de disseminação da mensagem, o que demandaria sacrifícios e lágrimas de um punhado de bravos seguidores.

Imitando os exemplos de Jesus, regariam com seu suor e seu sangue a árvore nascente para que o Evangelho se estabelecesse em definitivo na Terra, supremo marco de luzes, alicerce sublime, para a edificação do Reino de Deus.

Praza aos céus, leitor amigo, amplie-se cada vez mais o número dos seareiros de Jesus, vinculados a todas as denominações cristãs, mas identificados num objetivo comum:

Vivenciar as lições de Jesus, favorecendo a instalação gloriosa do Reino de Deus na Terra.

OS LIVROS DO AUTOR

01 – PARA VIVER A GRANDE MENSAGEM 1969
Crônicas e histórias.
Ênfase para o tema Mediunidade.
Editora: FEB

02 – TEMAS DE HOJE,
PROBLEMAS DE SEMPRE 1973
Assuntos de atualidade.
Editora: Correio Fraterno do ABC

03 – A VOZ DO MONTE 1980
Comentários sobre O Sermão da Montanha.
Editora: FEB

04 – ATRAVESSANDO A RUA 1985
Histórias.
Editora: IDE

05 – EM BUSCA DO HOMEM NOVO 1986
Parceria com Sérgio Lourenço
e Therezinha Oliveira.
Comentários evangélicos e temas de atualidade.
Editora: EME

06 – ENDEREÇO CERTO 1987
Histórias.
Editora: IDE

07 – QUEM TEM MEDO DA MORTE? 1987
Noções sobre a morte e a vida espiritual.
Editora: CEAC

08 – A CONSTITUIÇÃO DIVINA 1988
Comentários em torno de
"As Leis Morais", 3a. parte
de O Livro dos Espíritos.
Editora: CEAC

09 – UMA RAZÃO PARA VIVER 1989
Iniciação espírita
Editora: CEAC

10 – UM JEITO DE SER FELIZ 1990
Comentários em torno de
"Esperanças e Consolações",
4a. parte de O Livro dos Espíritos.
Editora: CEAC

11 – ENCONTROS E DESENCONTROS 1991
Histórias.
Editora: CEAC

12 – QUEM TEM MEDO DOS ESPÍRITOS? 1992
Comentários em torno de "Do Mundo Espírita e dos Espíritos", 2a. parte de O Livro dos Espíritos.
Editora: CEAC

13 – A FORÇA DAS IDÉIAS 1993
Pinga-fogo literário sobre temas de atualidade.
Editora: O Clarim

14 – QUEM TEM MEDO DA OBSESSÃO? 1993
Estudo sobre influências espirituais.
Editora: CEAC

15 – VIVER EM PLENITUDE 1994
Comentários em torno de "Do Mundo Espírita e dos Espíritos", 2a. parte de O Livro dos Espíritos.
Seqüência de Quem Tem Medo dos Espíritos?
Editora: CEAC

16 – VENCENDO A MORTE E A OBSESSÃO 1994
Composto a partir dos textos de Quem Tem Medo da Morte? *e* Quem Tem Medo da Obsessão?
Editora: Pensamento

17 – TEMPO DE DESPERTAR 1995
Dissertações e histórias sobre temas de atualidade.
Editora: FEESP

18 – NÃO PISE NA BOLA 1995
Bate-papo com jovens.
Editora: O Clarim

19 – A PRESENÇA DE DEUS 1995
Comentários em torno de "Das Causas Primárias", 1a. parte de O Livro dos Espíritos.
Editora: CEAC

20 – FUGINDO DA PRISÃO 1996
Roteiro para a liberdade interior. Especialmente destinado aos prisioneiros que cumprem penalidade.
Editora: CEAC

21 – O VASO DE PORCELANA 1996
Romance sobre problemas existenciais, envolvendo família, namoro, casamento, obsessão, paixões...
Editora: CEAC

22 – O CÉU AO NOSSO ALCANCE 1997
Histórias sobre O Sermão da Montanha.
Editora: CEAC

23 – PAZ NA TERRA 1997
A vida de Jesus, do nascimento ao início do apostolado.
Editora: CEAC

24 – ESPIRITISMO, UMA NOVA ERA 1998
Iniciação Espírita.
Editora: FEB

25 – O DESTINO EM SUAS MÃOS 1998
Histórias e Dissertações sobre temas de atualidade.
Editora: CEAC

26 – LEVANTA-TE! 1999
A Vida de Jesus, primeiro ano de apostolado.
Editora: CEAC

Impressão e acabamento
INSTITUTO DE DIFUSÃO ESPÍRITA
Av. Otto Barreto, 1067 - Caixa Postal 110
CEP 13600-970 - Araras - SP
Fone (019) 541-0077 - FAX (019) 541-0966
CGC. (MF) 44.220.101/0001-43 - Insc. Estadual 182.010.405.118
Internet: http://www.ide.org.br - E-mail: info@ide.org.br